Kaspar Niklaus Wildberger

Und Nero kraulte Evas Nacken

Eine Satire

Umschlag:
Lucerne Palace Hôtel
nach einer Postkarte aus der Sammlung
Von H.-Ueli Gubser
Club Grand Hôtel & Palace
www.clubgrandhotelpalace.ch
(herzlichen Dank!)

Copyright 2003 HORCH!Verlag, CH-4153 Reinach 1
Satz und Gestaltung: semmel.ARTS, Basel
Druck und Bindung: BoD GmbH, Norderstett
Printed in Germany
ISBN 3-906436-07-1

1. Kapitel

Andreas Baader und Alexander Haig waren mitten in eine lebhafte, zuweilen gar hitzige, wenn nicht ausufernde Diskussion über internationale Zusammenarbeiten strategischer, wirtschaftlicher und politischer, in Ansätzen auch logistischer Natur vertieft – auch „strategische Politspielchen" wäre gewiss kein unzutreffender Terminus -, als plötzlich, mittlerweile waren die beiden Hitzköpfe im Begriffe, zu anderen und neuen Themen überzugehen, Adolf Hitler eintrat. Zusammen mit einer seiner unzähligen, zahllosen Schäferhündinnen und Schäferhunde. Blitzblank (heraus)geputzt, wie es sich für Hündinnen- und Hundenarren, der Hündinnen und Hunde eigentlich, aus ihrem H keine Mördergrube machend, nicht mögen, gehörte. Der eifrige, sive und genaue Beobachter hätte gerade noch Eva Braun hinter durch die breite Schwingtüre herein huschen sehen können, die Türe beobachtend. Eva liess sich an einem der hinteren, hohen und runden Fenster des Saales nieder. Sie bevorzugte seit ihrer späteren Kindheit tiefe Ohrensessel, mit Brokaträndern beschmückt. Adolf pflegte diese Ohrensessel „beflaggt" zu bezeichnen. Zur Kontemplation. Eva gefiel vorab die herrliche Landschaft in diesem unübertrefflichen, besser noch: unübertroffenen Kurort, mitten in den Graubündner Alpen. Berge, wohin das Auge auch zu schweifen vermochte, Sonne allenthalben, Schnee zur gegebenen Jahreszeit, Gras, Grün und Blumen ebenfalls zu den gegebenen Jahreszeiten; nicht zu vergessen die aber hier eher seltenen glücklichen Kühe. Das hing ganz offensichtlich mit der ihnen mehr als nur ungeliebten Gesellschaft zusammen. Der Berühmtheit des Kurortes willen soll hier und im Weiteren der Anonymität Tribut gezollt werden. Kühe sind nur zu gerne und nur zu schnell eingeschnappt, was sich möglicherweise auf ihre Milchproduktion auswirken könnte, was dann wiederum den Bauern zu Ingrimm verhelfen würde, den noch einmal wiederum die Lokal- und Nationalpolitiker zu spüren bekämen, bei den nächsten Wahlen, die sie allesamt so fürchteten. Pfründen gibt man, Politiker!, selten gerne her. Und Politikerinnen gab es in diesem berühmten Kurort ohnehin keine einzige, ausser Eva, die sich gerne als eine solche auszugeben Lust verspürte, hin und wieder.

Alexander der tatsächlich Grosse schreckte beim Eintritt des ehemals gehassten und doch auch bewunderten Diktators auf. (S. F. sprach einstens und einmal von einer, von der Identifikation...) Er hatte, vergnüglich und vergnügt seine Pfeife – eine dänische – schmauchend -, er bevorzugte freilich um der Internationalität wegen englischen Tabak, den milden, wie er immer wieder zu betonen nicht müde wurde -, bis dahin in einem stillen Winkel des grossen Saales „Zum ungezwungenen Treff" gesessen und die „Times", um der Internationalität wegen, gelesen. Nebst dem „Messaggero". Schliesslich war er, auf seine alten Tage hin, Weltenbürger geworden; ohne spitzen Hut freilich, und auch Dachdecker, die abstürzten und dabei entzwei gingen, hatte er hier oben noch nicht entdecken können. (Missverstandene Literatur!) Er empfand stets grossen Spass an diesen beiden, und auch anderen, Zeitungen, denn für ihn als einen alten Kriegshelden und unverwüstlichen Haudegen war noch gar zu vieles zu neu, nebst den Zeitungen, in diesem feudalen Kurort. Angefangen bei der modernen, ja gerade zu an die Grenzen jeglicher Sittlichkeit stossenden Kleidung der Kurdamen – er war kein Kostverächter, dies sei der Gerechtigkeit und Informationspflicht wegen angeführt! -, über die mögliche vegetarische Speisefolge bis hin zu der internationalen Prominenz, die sich selbst am meisten für eine solche zu halten müssen vorgab. Kleidung bis zur sittlichen Grenze hin; diese unverfrorene Lockerheit der entblössten Damenbeine, die kecken Waden, die sich beim Röckeschwingen tanzend zeigten, beim Vorbeugen, da er stets zu sitzen pflegte, Einblicke in die weiblichen Rundungen gewährend, wobei ihm jedes Mal je eine Träne pro Auge für einen gewichtigen, meistens den wichtigsten Einblicksmoment die Einsicht zu verwässern drohte – kurz: er beschwerte sich geniessend, er genoss, sich beschwerend – und gab heimlich sich selbst gegenüber zu, dass er nurmehr auf diese kecken Waden und die halb entblössten weiblichen Rundungen, die im Traume er anzufassen sich erkühnte, nurmehr unwillig zu verzichten geneigt war. Zudem schienen es einige Kurdamen nicht ungern zu sehen, dass er eben ihre Waden, mehr noch ihre Kniekehlen zu betrachten sich erkühnte, glänzenden Auges, sofern denn die Träne links und die Träne rechts die jeweilige Wange hinunter zu kollern sich angeschickt hatte.

Alexander, der gewiss Grosse, sah, als Adolf Einzug hielt, in seinen Wagnerianischen Saal, einen kurzen Augenblick etwas ärgerlich von seiner „Times"-Lektüre, heute war Sonntag, auf und hoch. Als er jedoch Adolf Hitlers, des „Hitlers", wie er sich zu äussern pflegte, ansichtig wurde, vertiefte er sich mit doppeltem Eifer wieder in das Pressestudium, wirklich mit verdoppeltem Eifer, denn er hatte, erst wenige Wochen ists her, begonnen, die englische und auch italienische Sprache zu erlernen. Dieser Mann mit dem lächerlichen, kleinen Schnauzer, von einem Schnurrbart zu sprechen, verbot die ästhetische Erziehung, dies seine unumstössliche und feste Überzeugung, tritt hier auf wie ein Dux, und dabei kann er mir, so er zu sich im Stillen, nicht im geringsten das Wasser reichen. Er langt mir gerade an meinen grossen Zeh! Fussvolk, übles! Alexander liess ein leises Knurren vernehmen, unbeeindruckt freilich von Adolfs grossem Schäfer, der seinerseits die Ohren gespitzt hatte. Alexander nahm sich vor, seine eben gefassten Gedanken an einem der nächsten Tage anlässlich eines Abendessens in einen Toast zu kleiden, wortgewandt, wie dies seine Art war, und den anderen Mitgästen und Mitessern zu Gehör zu bringen.

Andreas Baader und Alexander Haig hielten einen kurzen Augenblick lang inne in ihrem heftigen und zutiefst auch wissenschaftlichen Streitgespräch. Zumal sie einmal mehr gerade an einen Punkt, verbal, geraten waren, der meistens einen heftigen Streit zu provozieren pflegte bzw. nach sich zog. Bald würden sie sich in den Haaren liegen, wie allseits bekannt war. Einmal mehr handelte es sich um die internationalen Verflechtungen jedwelcher Art. Und dies war eben der heikle Punkt der beiden jungen heissspornigen Freunde. Alexander Haig war nach A. gekommen, um sein Vietnam-Trauma analysieren und vor allem kurieren zu lassen. Eine profunde Analyse stand denn auch auf dem Programm der nächsten Monate. Andreas Baader – die beiden waren im Munde aller, beinahe aller anderen Gäste einfach die beiden „AA's" – versuchte seit Monaten schon, sich vom Sandabenteuer in Mogadishu zu entfernen, rein seelisch, wie er immer wieder zu betonen sich gemüssigt sah. Nicht auf dem Wege der Verdränung zu entfernen.

In der ersten Zeit seines Aufenthaltes waren denn auch keinerlei Erfolge zu verzeichnen oder wahrzunehmen. Die behandelnden Ärzte zeigten zahlreiche und auch verschieden gestaltete Sorgenfalten, was schliesslich auch zu ihrem Job gehörte. Als dann aber die zweite AA's-Hälfte eintraf, macht Alexander urplötzlich erquickliche und auch erstaunliche Fortschritte. Progressive Katharsis soll nun auf seinem Kranken- und Genesungsbericht stehen, gestanden haben, den die deutsche Bundesregierung von den Ärzten verlangt hatte. Seine Staublunge, eine neue Form dieser Erkrankung, bereitete Sorgen, allenthalben. Sein Husten klang nicht gut, der Auswurf war noch immer sandbräunlich. Befürchtungen wurden wohl nicht artikuliert, standen aber, in unmissverständlichen und auch für Laien verständlichen Worten, in medizinischen Termini auf den diversen Krankenberichten. Hoffnungslos war nichts und niemand, so die tiefsinnigen Worte des leicht angegrauten Chefarztes.

Andreas und Alexander hatten sich bei der ersten Gelegenheit gefunden und sogleich befreundet. Beide kannten sich seit Jahren schon aus Rundfunk, Presse und Fernsehen. Ihr gegenseitiges Interesse, des einen am anderen, des anderen am einen, als grosse Strategen verschiedener Provenienz, war gross, sehr gross sogar. Sie gingen immer strahlend aufeinander zu, sich nicht um die hoch gezogenen Augenbrauen vieler, meist der meisten Gäste kümmernd. Der Bruderkuss wurde getauscht, es war ein echter!, dreifach, und Leonid meinte voller Zorn und Ohnmacht, diese Art von Begrüssung sei im Osten geachtet und vor allem gepachtet. Als alter Mann greinte er vor sich hin. Erst als die beiden AA's auch ihm, dem Bruderkussexperten, ihre Ehrbezeugung auf die Backen gedrückt hatten, trollte er sich zufrieden davon, setzt sich in seine Ecke, zog „seinen" Marx hervor, aus der hinteren Hosentasche, und hüllte sich in dichten Zigarrenqualm, damit ihn ja Hodscha und Josef nicht zu Gesicht kriegten. Die beiden theoretischen und auch praktischen Todfeinde. „Die und Prawda!", war einer seiner Lieblingssätze.

Baader und Haig, um den Faden, den roten, wieder aufzunehmen, hatten sich am ersten Tag ihrer keimenden Freundschaft umgehend in eine Unendlichdiskussion gestürzt. Durch nichts und niemanden waren sie zu bremsen, so als ob sie in einer anderen Dimension sich bewegten, zu der nichts und niemand Zugang hatte. Internationale Zusammenarbeit, Systemanalyse und –bekämpfung, systemische Analysen, Waffengattungen – die beiden adretten Spezialisten! – wurden diskutiert. Eine wahre Freude, ihnen zuzuhören, sofern man sich denn in die Diskussionsdimension begab. Sie, die beiden, waren in ihrem Element. Vergessen waren die in Rundfunk, Fernsehen und Presse hoch gespielten Gegensätze. (Weshalb denn sollte A nicht auch mit A auskommen, und weshalb denn nicht auch A mit A?) Rasch, erstaunlich schnell gelangten die beiden zu der Überzeugung, dass ihrer beider Politik, dialektisch gesehen und betrachtet, von der Politik des ehemaligen Gegners nicht um einen auch nur winzigen Deut abwich, bzw. abgewichen war. Vielmehr: beide waren sich, wie der politisch-diplomatische Jargon es zu formulieren pflegt, völlig und vollends einig, in allen Fragen und allen Belangen. (Wie Franz und Helmut übrigens.) Jetzt suchten die beiden ausdauernd und mit einer nie erschöpfenden und versiegenden Energie nach konträren Punkten und Auffassungen. Fündig geworden? I wo! Eine Diskussion zur Suche nach Konträrem. Eine neue Form der geistigen Auseinandersetzung war folglich geboren. Die Alten warens dankbar und schauten meist vergnügt zu, bei der Suche nach Fortschritten und beim Beweinen von Rückschritten.

Alexander der Grosse hatte sich mit dem General Alexander eigentlich nicht und nie so richtig abgegeben und beschäftigt. Was sollte auch der tatsächlich Grosse mit dem tatsächlich Kleinen? Er, der Grosse, war ja schliesslich immer siegreich heim gekehrt, immer. (Vielleicht mogeln da die Geschichtsschreiber ein klein wenig?) Er, der wirklich Grosse, hatte sich nach A. zurück gezogen, um seine wohl verdiente Pension zu geniessen, sie auszukosten, hoffend auch auf den einen oder anderen tiefen und tieferen Einblick in runde Weiblichkeiten. Der andere, der wirklich Kleine, musste sich erholen. Nicht von Siegen. Dazu hatte er bislang keinen Anlass und auch keine Gelegenheit nützen und haben können. Vielmehr joggte er jeden Morgen einige Kilometer durch die Höhen- und Bergluft, im Winter gewiss auch durch die Schneeluft, um nicht zu sehr ausser Form zu geraten. Man weiss nie, pflegte er zu sich zu sagen und sich somit beim und im Laufen anzuspornen. Man weiss nie, sagte er sich, vielleicht werde ich eines Tages einmal doch noch als Stratege gebraucht. Und sei es auch im hohen Norden, bei Iglukämpfen. Oder, um nordische Ananasplantagen zu verteidigen, gegen wen auch immer. Dort soll es, wie er der täglichen „Times" entnehmen konnte, oft recht rauh und hart zu und her gehen. Soweit reichten seine Englischkenntnisse schon, die jeweils kurze Notiz nicht misszuverstehen.

Andreas hatte ihn, im Gegensatz zum traumatisierten Veteranen, vom ersten Tag an fasziniert. Ein Fluidum hatte der Junge! Und vor allem waren es wohl die Frauen; Alexander der tatsächlich Grosse würde dies, als Purist und Puritaner mittleren Kalibers, nie zugegeben haben, allen voran Lucrezia Borgia, die Andreas anschleppte. Oder abschleppte? Ob der Grosse, der wirklich Grosse, auf seine älteren Tage hin noch das eine oder andere Mal schwach würde? Was der Baader wohl alles so anstellte mit seinen Weibern, sinnierte er stumm. Eifersucht nagte etwas an seinen männlichen Ein- und Ausgeweiden. Aber der Grosse hatte viel Zeit. Er würde Stück um Stück zusammen bringen, um dem A. dann den wirklich perfekten Beweis für dessen Unmoral zu erbringen und zu liefern. Und es war ja auch tatsächlich unmoralisch, dass der Sandheld mit der grausamen Florentinerin nicht nur turtelte. Der tatsächlich Grosse glaubte, ja er war überzeugt, ganz andere Spielchen in seinem und vor seinem geistigen Auge auftauchen zu sehen.

Des tatsächlich Grossen erste und beinahe auch einzige Sorge war, dass bei seinem geplanten moralischen Toast auch der Grausame anwesend sein könnte. Diese Gefahr jedoch schien um so geringer, als der seine Tage vornehmlich in seinem Zimmer zu verbringen pflegte. Ein Haus- und Zimmermädchen gab dem anderen und der anderen die Klinke. Wie im Tollhaus.

Des Alexander des Grossen Faszination war, so die allgemeine Meinung und Einschätzung der bekannten Gegebenheiten, vor allem auf die Tatsache zurück zu führen, dass der Andreas vor allem bei etwas älteren Semestern von so viel Erfolg verfolgt und beglückt war. Und die Borgia, wie der grosse Grosse sie verächtlich zu titulieren pflegte, stets in ihrer Abwesenheit, war beileibe nicht die einzige, die sich der Aufmerksamkeit A's. erfreuen durfte. Da war so nebenbei gesehen noch die feurig Jeanne, die im Moment, der Genauigkeit zuliebe, seit knapp fünf Monaten die absolute Favoritin von A. zu sein schien. Hatte der Junge eine Konstitution! Bewundernswert und auch, so gab der grosse Grosse sich selbst dies zu, beneidenswert. Die beiden Haudegen hatten sich offensichtlich allerhand zu erzählen. Interessen- und Erfahrungsaustausch nennt man dies wohl gemeinhin, heute.

Nur bei der Xanthippe hatte es der Andreas noch nicht so richtig geschafft, so sehr er sich auch darum und um sie bemühte. Alle Charmespielereien konnten nicht verfangen. Sie ihrerseits lächelte nur, war von innen heraus voller Hässlichkeit und strahlte dennoch eine gehörige Portion Charme aus. Sie hatte halt ihren Narren am Narren Josef gefressen. Der jedoch hatte es auf die Mata Hari abgesehen. Jetzt hätte er ja gedurft; damals eben nicht. War in sie verschossen, liess kein Auge von ihr, kam langsam, wie er meinte, zum Ziel seiner Wünsche und Begierden. Beobachtet wurde zunehmend, dass seine Augen immer auf Brusthöhe sich fest zu saugen schienen. Das Ziel. Eine Frage der Zeit, des dialektischen Sprungs, wie er hinterlistig lächelnd und zweideutig meinte. Wer konnte ihm die Schwäche nachsehen? Vor allem ihr Hintern. Da bekam er sogar weiche Knie. Und gerade auf diese Idee, dass Josef ein kleiner Pofetischist war, wären der Grosse, der tatsächlich Grosse, und die AA's niemals gekommen. Adolf war empört, Eva bekam feuchte Augen, wenn Josef gierte. Allein, Adolfs Schäferhunde, er hatte ein gutes Dutzend dieser Köter, so der grosse Grosse, hinderten sie, im Rudel, an weiteren Taten, zwecks Annäherung. (Ob sie es nicht einmal mit einem kleinen unverfänglichen Schlag, Anschlag am schwarzen Brett versuchen sollte? Unter „Kulturelles und Vermischtes"?)

Der Kurort war inmitten in einer herrlichen Landschaft eingebettet. Hohe Berge schienen sich die Hände zu reichen, zum ewigen Bunde, der ewige Schnee lag friedlich und bot des Morgens und des Abends ein einmaliges Schauspiel, wenn die Sonnenstrahlen sich in den Eiskristallen brachen. Die Optiker in A. kamen auf ihre Kosten, mehr als nur auf ihre Kosten. Das Dorf selbst war und ist, was gemeinhin als luxuriös bezeichnet zu werden verdient. Einladende und ausladende Häuser und Strassenzüge, reich verzierte Restaurantsschilder, Juweliere, die nicht an zwei Händen abzuzählen waren. Nur siebenstellige Einkommen, in der Landeswährung versteht sich, erlaubten einen längeren und ausgedehnteren Aufenthalt in A. (Bis heute hat übrigens sich Josef nie erklärt, seinen Mitgästen gegenüber, wie er denn seinen Aufenthalt hier mit seinen ewigen und unerschütterlichen Grundüberzeugungen zu verquicken gedachte, philosophisch. Es mag sein, so eine mögliche Erklärung, dass er A. als dialektische Antithese zu seiner Heimat verstand. Womit freilich die ökonomische Seite seines Verweilens immer noch einer Erklärung, einer Klärung bedurfte.) Das weltberühmte Sanatorium erheischte zu Recht seinen Preis. Exclusive Möbel, mindestens 18. Jahrhundert, Teppiche von einer seltenen handwerklichen Kunst, Gardinen des feinsten Tuches gehörten ebenso selbstverständlich zu der Ausstattung wie die Selbstverständlichkeit auserlesener Speise- und Weinkarten, Jogginganlagen, Tennisplätze, Bewachung der Anlagen rund um die Uhr, Minigolfplätze für die tatsächlich Älteren usw.

Die Hausmädchen waren allesamt ausgesucht und ausnehmend, meist oder hin und wieder auch einnehmend hübsch, von einer selten gewordenen Natürlichkeit und Schönheit. Man munkelte, das Gerücht liess sich nicht entmutigen, soviel Eigenleben hatte es sich erworben, dass die Mädchen den verschiedenen Honoratioren dann und wann, hin und wieder auch speziellere Dienste erweisen würden; selten gar in ausgesuchten Räumlichkeiten, die jedoch noch niemals ein Gast zu sehen bekommen hatte. Es sei denn, er selbst hätte eben diese Räumlichkeiten besucht. Und darüber zu sprechen war gewiss eine Todsünde. Von einem „Müssen", von den Damen, freilich in diesem Zusammenhang zu sprechen, würde den feinen und feinsten Absichten Abbruch tun. Gänzliches Unrecht. Schliesslich war es auch eine gewisse Ehre, mit Josef und auch den anderen. Und, zwischen den Mädchen hatte sich im Laufe der Zeit, also Monate und Jahre, eine Art von Konkurrenzverhalten heraus gebildet, sehr zum Vorteil der Konkurrenzobjekte. Ob da freilich die Lust nicht hin und wieder zu kurz zu kommen Gefahr lief?

Der Koch – und nicht nur er – waren hingegen bei den verschiedenen Damen nicht ungern gesehen. Die weiblichen Gäste, und deren gab es zahlreiche, waren ebenso an ihrer eigenen Genesung interessiert wie die vornehmen und auch weniger vornehmen Herren es waren. Und Genesung, so die Weiblichen, kommt schliesslich nicht allein durch den übermässigen Genuss von Mineralwasser. Die Natur fordert ja auch recht häufig, gar unerbittlich, wenn man dem alten Martin Glauben schenken darf und soll, ihr gestandenes, auch angestammtes und stehendes Naturrecht. Die Höhenluft schliesslich trägt auch das Ihrige bei; und dann die Gewürze der Köche! Ein Cocktail der Gründe.

Zum Gelingen eines jeden Aufenthaltes in A. trug ganz wesentlich der Umstand bei, dass Herrschaften aus verschiedenen, gar den verschiedensten Kulturkreisen und Nationen vertreten waren, ihren Kreis und ihre Kultur, soweit sie ihnen überhaupt selbst bekannt waren, repräsentierten. Herren und Damen jeglicher Länder! Meist, häufig allenfalls waren es jedoch Philosophen. Mit den unterschiedlichsten Philosophien, die hier in der Höhenluft einer Reinigung sich unterziehen lassen mussten. Aber auch Nicht-Politiker kamen zu ihrem Zuge. Bankiers jedoch waren eher ungern gesehene und geduldete Gäste. Vor Jahrzehnten nämlich hatte sich einstens Rothschild erdreistet, sogar im Sanatorium Geschäfte tätigen zu wollen. Dass er damit allen möglichen Antisemitismen Vorschub leistete, schien ihm uneinsichtig. Es blieb dann bei der Absicht, die Störung allein wirkte sich auf die Genesung einiger Gäste, meist offizielle Bankrotteure, verheerend aus. Rothschild wurde höflich nach D. verbracht, wo es doch erheblich profaner zuging und zugeht als in A. Er traf, so ein on-dit, auch dort seine Spezis und Kumpanen. Er soll, so geht das Gerücht weiter, sehr erfolgreich seine Geschäfte pflegen und ausbauen.

Zum Ergötzen beinahe aller Sanatoriumsgäste – es gab und gibt eigentlich keine Ausnahme – organisierten Gäste und Angestellte hin und wieder eine „persische", eine „deutsche" oder gar eine „russische" Woche. Der grosse Grosse servierte, Adolf mit seinen Schäferhunden, er hatte auch nach jahrelanger Übung es noch immer nicht dazu gebracht, mehr als zwei Teller zu tragen, oder Josef, der Stählerne, wie einige Frauen und Gäste ihn liebevoll und zärtlich-scheu nannten. Da waren sich dann die Rivalinnen gänzlich einig.

Ein jeder neuer Gast wurde von der gewählten Abordnung sofort und ausführlich nach seiner Abkunft und Herkunft befragt. Die Hoffnung, eine neue Woche der Spezialitäten organisieren zu können, war ungebrochen, Energien hiezu zu Hauf vorhanden. Tatsächlich trafen im Laufe der Jahre auch einige sogenannte Exoten ein und stiessen zum alten Haufen.

Durch besonderes Geschick beim Servieren zeichneten sich die AA's aus. Alexander Haig, angesprochen auf seine, man wäre versucht zu sagen, exorbitant artistischen Fähigkeiten des ausgewogenen Balancierens, meinte lakonisch: „Teller sind Gewehre!" Und die habe er schliesslich zu tragen, zu balancieren und hauptsächlich zu benutzen gelernt. Andreas Baader seinerseits vertrat mit grösster Überzeugung die Ansicht, dass er erstens wegen Jeanne und Lucrezia so geschickt sei, und zweitens seien Teller so etwas wie Tellerminen, die einerseits nur schwer zu trennen und zu unterscheiden seien, und die andererseits mit grösst möglicher Sensibilität zu handhaben seien. Seine beiden Zur-Zeit-Damen schätzten den geschickten Servierer und Balancierer über alle Massen – wissend, dass auch andere Geschicklichkeit zu ihrer Freude immer wieder zur Anwendung gelangten.

Die verschiedenen kulinarischen und auch kulturellen Wochen – schliesslich war man ja in A.!, und das sollte und will was heissen – waren ausnahmslos ein durchschlagender Erfolg, der jeweilen nach einer Wiederholung rief und verlangte. Auch die deutschen Wochen. Wobei hier der Chronik halber anzufügen bleibt, dass immer der sensible Hölderlin, da Adolf – Heroin und später Morphium waren auch in A. immer schwieriger aufzutreiben – der gewaltigen Aufgabe zunehmend weniger gewachsen war, nicht nur schien. Seine zarten Hände gehorchten ihm kaum mehr, er hatte sie nicht mehr in seiner Gewalt. Einmal gar geschah es, zum Ergötzen vieler gespannter Gäste und Mitesser, das Missgeschick, einen Teller Suppe – Knödelsuppe mit bayerischem Einschlag – auf Josefs Hose zu schütten. Ein Knödel und einige Erbsen und auch Möhrenstückchen fanden in beinahe misteriöser Art und Weise ihren Weg in Lucrezias Ausschnitt. Doch ihr Decolleté, ausladend und gleichzeitig reichlich einladend, forderten zu dieser Schandtat geradezu auf. Eva war damals heftig errötet – wie sie sich schämte! - , und die Hunde hatten gebellt. Der Grund dafür war freilich nicht zu eruieren. Nur der tatsächlich Grosse hatte vernehmlich gekichert, was ihm wütende Blicke von Adolfs Seite eintrug.

Beeindruckt war Alexander der Grosse keineswegs, im Gegenteil sogar. Lucrezia ihrerseits freilich war etwas verunsichert. Ob sie sich für ein Missgeschick oder einen, zugegeben etwas plumpen Annäherungsversuch entscheiden sollte? Kurz: Alexander war mit aller Herzlichkeit intensivst darum bemüht, die verlorenen Erbsen und Möhrenstückchen zu suchen. Der Knödel fand sich rasch, nicht aber die diversen Kleinigkeiten. Seine Suche, Alexanders Suche, provozierte ihrerseits böse Blicke seines Freundes Andreas, der glaubte, Lucrezias einladenden, ausladenden und vollen Ausschnitt gepachtet zu haben. So suchten sie eben zusammen, einträchtig. Lucrezia war es äusserst zufrieden. Eine gewisse Unruhe überkam sie freilich, leicht erschauerte sie, als sich Finger- und andere Kuppen zu leisem Spiel trafen. Eine weitere Unruhe, die sie überkommen hatte, konnte er, Andreas, am späteren Abend dann ausgiebig stillen, da eine weitere Diskussion über strategische Guerillaplanspiele die AA's nur kurz vereinnahmt hatte. Die Stillung war dann eine doppelte. Alle fanden daran ihren eigenen Gefallen.

Die Suche, die erheblich Zeit in Anspruch nahm, versetzt wiederum Jeanne in Rage. Galant und gleichzeitig auch charmant, wie er nun einmal war, versteckte Andreas auch bei Jeanne etwas Gemüse, abgekühltes freilich. Die Versöhnung war dann perfekt, wie man so sagt. Jeanne freute sich, ihre Wangen röteten sich, und auch ihr Atem liess eine durchaus höhere Frequenz hörbar und vor allem auch sichtbar werden. Durch den Stoff ihres Kleides sah man die einzelnen Finger wandern – und immer wieder fündig werden. „Richtige Kichererbsen", liess es sich der Zyniker Diogenes nicht nehmen zu konstatieren.

So war die „deutsche Woche" trotz Adolf oder wohl besser gerade wegen des ausfallenden Adolf ein voller und auch durchschlagender Erfolg. Alle drängten auf eine Wiederholung. Hölderlin hatte seine Gedichte so wunderschön gelesen, begleitet auf der Harfe von Salieri, der endlich auch einmal Ehre und Ruhm geniessen konnte. Nero hatte die gesamte Woche, der alte Voyeur, mit der versteckten Kamera auf Video gebannt. Sehr geschickt tatsächlich, wie er dies gemacht hatte. Später sah man sich, zum Gusto der Versammelten, immer wieder Teile seiner Filme an. Ja, man versöhnte sich sogar, bei der Diskussion um Land- und Tellerminen. Adolf war, einmal positiv, hier nicht schlecht beschlagen, bezüglich der Effizienz der kleinen miesen Zerstörer. Zum Scherz und zur Untermauerung seiner Kenntnisse liess er hin und wieder Knallerbsen fallen. Er konnte sich kaum mehr einkriegen, weil die Damen allesamt, sogar Xanthippe fiel immer wieder aus ihrer Rolle, sich furchtbar erschreckten und leise kreischten. Sie griffen sich an den Busen, so als ob sie sich vergewissern wollten, dass noch alles an seinem angestammten Platze sei, so dass die AA's nicht lange suchen mussten, wenn sie wieder einmal auf die Suche gehen wollten oder gehen mussten. Erbsen hin, Möhren her. Jeanne meinte böse, der eitle Dumm-Adolf solle die Knallerei unterlassen, sie sei nur Stahl, nicht aber Knall gewöhnt. Der seinerseits meinte nur, für einmal tatsächlich lakonisch, sie müsse halt mit der Zeit gehen, sich an die Zeitenläufte anpassen. Die Technisierung sei halt nicht aufzuhalten.

„Andere Zeiten, andere Sitten, andere Männer!", lachte Adolf laut und frech, und sein Lieblingshund bellte, dass es eine Freude war, und wedelte Adolfs Kornglas vom Nierentisch. Nebenbei fielen seinem Wedeln auch noch drei weitere Cocktailgläser zum Opfer. „Sag jetzt ja nicht, Scherben bringen Glück!", greinte Eva.

Und schon wieder weinte Eva. Freilich hellte sich ihr Gesicht erst wieder auf, als Nero, der unverwüstliche Wüstling, ihr hinter Adolfs Rücken die Hand drückte, ihr den Nacken kraulte und die linke Hand vorsichtig ihren Rücken nach unten hin untersuchte, wandernd. „Heute Abend bei mir, meine Liebe", flüsterte er ihr ins rechte Ohr, das ganz rosa sich färbte. „Ich werde deinem blöden Typen etwas Schläfriges ins Kornglas mischen." Die Hunde, in ihrer Schar, liessen Eva etwas am Gelingen ihres Planes zweifeln, ihre Erwartung war indes so viel grösser als die Zweifel, dass eben diese beiseite gewischt wurden. Dazu kamen die grossen Knochen, die Nero den Hunden zum Frasse und zum Nagen vorlegen wollte. Eva war diesbezüglich des Entdecktwerdens vollends beruhigt, in äusserster und erregter Erwartung der Dinge, die auf sie und in sie zukommen sollten. Paradiesischen Zeiten ging sie entgegen, im Geiste flog sie, Zeiten, die sie schon als verloren geglaubt. Ihre Hand zitterte unmerklich, als sie ihren spritzigen Drink kostete, den Nero ihr zubereitet hatte; und er hatte etwas zubereitet, was sie ihrerseits in Bälde merken sollte.

Wer die bisherige Eva Braun gekannt hatte und kannte – und das waren logischerweise nicht wenige, das heisst eigentlich die meisten der Gäste -, war am nächsten Morgen wie vor den Kopf gestossen. Nicht dass sie unleidlich oder leidend ausgesehen hätte oder gar unpässlich erschienen wäre. Bei Gott, nein! Allein Adolf und mindestens vier ihrer Schäferhunde ermöglichten erst ein Wiedererkennen und tatsächliches Erkennen. Leuchtende Augen – künstliche Augenfarben, wie einige der anwesenden und betrachtenden Damen vernichtend flüsterten -, schmachtende Lippen, doppelt so gross als am vorangegangenen Abend – es ruft die Lore! – und feurige Lippen liessen jedermann und alle erahnen, wie zuvorkommend und aufmerksam Nero zu ihr gewesen sein musste. Ein letztes Glühen war auf ihren Wangen zu erahnen, die Ohren hatten noch immer die intensiv-rosa Färbung. Auch einen Knopf mehr hatte sie von ihrer Bluse sich entfalten lassen. Der tatsächlich Grosse, der tatsächlich gross war, erlaubte sich – erlaubt ist erlaubt, wie er später kichernd zu „Protokoll" gab" – einen tieferen Einblick in die tiefen Einblicke, Ausblicke und Aussichten. „Sie sind gewachsen seit gestern, und wie." So rief er aus und: „Endlich einmal habe ich Einblick nehmen können in gewisse, bis anhin mir unbekannte Grössen." Nicht nur gross und rund, sondern knallgross und kleinrund oben drauf. „Ein Faszinosum"; der grosse Grosse schien tatsächlich überwältigt. Und Evas Augen leuchteten und sprachen nicht nur Bände, sondern halbe Bibliotheken. Ob ich sie wohl dazu verleiten kann, noch einen Knopf zu vergessen? Wohl zweifelte er; und nicht zuviel auf einmal, dacht er sich. Eines Tages aber werde ich meine Kenntnisse über Sphären um weitere Details erweitern können.

2. Kapitel

Fünf Jahre später, Blusen und anderes mehr, viel anderes mehr, waren ins berühmte Land gegangen, wurden Evas Blusen tatsächlich um einen weiteren Knopf offenherziger. Nero selbst geriet etwas in Rage, der grosse Grosse wurde noch grösser. Nero selbst war wohl als der Urheber der Blusenöffnerei bekannt; aber gerade ihm wollte und wollte es nicht gelingen, als einem alten Adligen, einen weiteren Knopf aus seiner Umrandung und Einengung zu lösen. Wobei er doch immer mit allen Händen und Fingern damit beschäftigt war; im Geiste wenigstens, wie er sich kleinlaut eingestehen musste. Eva vertrat jedoch die Meinung, auf Adolf sei Rücksicht zu nehmen, von ihr im Besonderen und von Nero und anderen; dabei errötete sie keusch – im allgemeinen. Und schliesslich, dies im ernst möglichsten Ton, seien auch die Hunde keinerlei Unsittlichkeiten und Unanständigkeiten auszusetzen; sie seien ein braves Leben gewöhnt. Und Unanständigkeiten seien ihnen unbekannt, im besonderen von ihr, von der Eva. Sie sei schliesslich ja ehemals Vorbild für Millionen von Frauen, Müttern und angehenden solchen gewesen. Dies aus purer und freier Selbstentscheidung und auch aus einem nationalen Pflichtbewusstsein. Historisches Bewusstsein, wie Eva nachdrücklich unterstrich, und dabei strich sie ihre offene Bluse gerade, was den grossen Grossen wiederum das Kleine auf dem Grossen betrachten und bewundern liess.

Evas leuchtende Augen leuchteten nun öfter, ja von Tag zu Tag mehr, bei den verschiedensten Gelegenheiten; sie leuchteten mehr und intensiver, so als ob auch ihre Augen und demzufolge ihr Leuchten grösser geworden wäre. Mehr, als sie es üblicherweise bei allen anderen Gästen zu tun pflegten. Wie verwandelt erschienen den Betrachterinnen und vor allem den Betrachtern die Kristallkugeln. Ihre Farben behielten sie, bei jeglicher Veränderung des wechselnden Lichtes.

Nero liess, erschien seine Eva zum Frühstück, immer nach ihm, man wollte schliesslich die Etikette bewahren, listvolle und vor allem lustvolle Laute erklingen. Grunzer seien dies, klagte der unwissende Adolf. Einige Gäste jedoch schienen tatsächlich vor den Kopf gestossen zu sein. Der Gründe gab es viele; der gewichtigste war die nackte Eifersucht. Gerade die Feministinnen, allen voran die unverwüstliche und wüste Xanthippe, erbosten sich, fühlten sich in ihrer fraulichen Rolle zutiefst verletzt. Eine Verräterin in den eigenen Reihen. „Wenn ihr schon Feministinnen sein wollt, müsstet ihr endlich begriffen haben, dass ihr keine Rollen, sondern höchstens – wenn überhaupt – ein Selbstverständnis habt bzw. verkörpert und zur Schau stellt", belehrte sie der eklige Zyniker. Wenn er schon, bezüglich Nero – meinten die Frauen - , dann doch bitte nicht so auffällig. Revolution hin, Revolution her. Sie selbst hätten ja auch eine gehörige Portion Verständnis für die Wünsche des Fleisches. Aber erstens noch nicht vor dem Frühstück – kicherte da einer? – und zweitens nur im intimen Kreis, bei einem Kopf-an-Kopf-Sein. Um Gottes Willen aber keine Öffentlichkeit. Auch hier unterdrückte der grosse Grosse ein Kichern nicht.

Die ewige Jugend. Kein strategisches Verständnis, keine Schnitzeljagd in Blusen und Hosen. Zu unserer Zeit machten wir kurzen Prozess, kein Federlesen. Und niemand war es leid. Niemand beklagte sich, niemand ging unbefriedigt von dannen, nach hinnen. Diese puritanischen Lustanalytiker.

Zu seinem Geburtstag, der in diesem Jahr zufällig, es gibt keine Zufälle!, auf den Jahreswechsel fiel, hatte Adolf eine prächtige Satire verfasst, die er den „Gästinnen und Gästen des hohen Hauses" vorzutragen gedachte. Schon Tage zuvor, vor seinem grossen Auftritt, war er vom Erfolg, vom überwältigenden Erfolg, seines Textes und vor allem von seiner Vortragskunst, die den meisten von uns noch in lebhafter, vielleicht in nicht so guter Erinnerung ist, überzeugt. Er brannte darauf, beklatscht, beapplaudiert zu werden. Kaum konnte er den Augenblick erwarten, da er Autogramme zu Hauf schreiben dürfte. Sein Verhalten war, wie Nero bissig sagte, wobei auch Diogenes ein kleines zynisches Lächeln sich nicht verkneifen wollte, der beste Anschauungsunterricht für kleine Kinder, wenige Tage vor der grossen Bescherung. Eva wusste nicht, was sie wem zu sagen hatte, also beschloss sie für ein Mal, wortlos zu bleiben. Nur den fingerlichen Beschäftigungen Neros sich aussetzend. Und dazu brauchte es nun gewiss keiner Worte! Natürlich hätte sie ihrem lieben Adolf einen grossen Erfolg gewünscht, sie war sich aber auch gewiss, dass ein solcher Erfolg ihre glühenden Stunden mit Nero, und auch mit anderen Nachstellern, etwas zu kühlen drohte. Und wer, ehrliche Eva!, verzichtet schon auf richtige Wärme, sagte sie zu Jeanne. Aber gerade diese hatte einmal mehr keinerlei Verständnis für solche unkeuschen Überlegungen.

Die wenigen Tage vor Adolfs grossem Auftritt unterschieden sich von den anderen, gewöhnlichen Tagen nicht wesentlich. Die beiden AA's waren nach wie vor unzertrennlich, ihre Gesichter bei Diskussionen gerötet. Evas Augen glänzten, und wie! Jeanne suchte Überzeugungstäter, die ihr entsprachen, nach wie vor noch ohne Erfolg.

Zum Jahreswechsel dann, am späteren Abend, eingeleitet mit einem und durch einen nicht ganz lupenreinen Trommelwirbel, erschien Adolf. Er erschien, tatsächlich glich sein Auftritt einem Er-Scheinen. Sein kleiner Schnurrbart glänzte, als ob er eben aus einer Schuhfabrik geliefert worden wäre, sein Scheitel machte jeglichem Lineal die grösstmögliche Konkurrenz, und seine Augen glichen, wie der tatsächlich Grosse, unter Zustimmung vieler Gäste, spöttisch zum Besten gab, glühenden Kohlen. Adolfs Rednerpult war mit den mittlerweile genügend bekannten Insignien dekoriert. Blumen links, Blumen rechts. Sein Auftritt allein war schon ein grosser Erfolg, einige Damen seufzten tief und vernehmlich, die eine oder andere schien schier aus dem Häuschen zu geraten. Er hub an:

„Meine Damen
Geschätzte Herren
Ich bin überaus überrascht" – das „r" rollte er so schön, wenn er sich erregte -, „dass Sie so zahlreich erschienen sind zu dieser heutigen Séance, zu meinem Geburtstag. Platz, Asta! Ich bin Ihnen zutiefst dankbar.
Der Befriedigung, die sich auf Ihren Gesichtern widerzuspiegeln befleissigt, danke!, entnehme ich, dass Sie Ihre Mägen auf das Erquicklichste mit deutscher Kost gefüllt und beglückt worden sind ... haben."
„Aufhören!" Natürlich einmal mehr die giftige Xanthippe.
„Ob Huhn, ob Hahn, ob Wein, ob Bier – es ist einerlei."
Ich glaube kaum.
„Gerade als ich diesen erlauchten Raum zu betreten mich anschickte, ich hatte mir noch einen kleinen geistigen Aufbauspaziergang erlaubt, bat mich draussen vor der Tür (hier liess Diogenes ein hässliches Kichern vernehmen) ein, ja ich muss wirklich und zu meiner zutiefst empfundenen Schande und auch zur meiner grössten Überraschung sagen und Ihnen gestehen, ein recht freundlicher Herr – es ist bzw. es war ein Schwarzer! – um ein Stückchen Brot. Der Weg von der Fünften Welt bis hierher zu uns in diesem wunderschönen Örtchen A. und in unser erlauchtes Haus sei etwas arg weit, wie er bescheiden beisteuerte. Nur: Er scheue keine Mittel, um an Brot zu kommen.
Hätten wir damals nicht, sondern ja, dann wäre der Weg gewiss kürzer und überhaupt viel bequemer und überhauptest Fünfte Welt und Vierte Welt und Dritte Welt – Unsinn, es gäbe nur eine Welt – und die wären wir, ja wir, wir, wir!"
„Adolf, etwas langsamer, ja?" Eva war aufgestanden, sie sass in der ersten Reihe, notgedrungen, und hatte sich zu Adolf begeben, um ihn etwas zurück zu halten. Den Schweiss tupfte sie ihm von der Stirn, den Schaum aus den Mundwinkeln und aus seinem Schnurrbart. Seine

ewigen Reden konnte sie nun wirklich nicht mehr hören, sie war jetzt Römisches, Lustvolles gewöhnt. Hände, die suchten und immer das fanden, was sie wollten und was sie finden wollten. Und sie war gerne Suchobjekt von römischen Händen! Adolf nahm seine platonische Geliebte mitnichten zur Kenntnis. Mit flackernden Augen starrte er ins Publikum, niemanden wahrnehmend, das noch nicht gelangweilt des Kommenden harrte. Und dennoch: Zur allgemeinen Überraschung und auch zum Bedauern einiger Gäste – die beiden AA's waren sich mit Diogenes einmal sehr einig – beruhigte sich der Redner doch sehr schnell, um dann in seinen satirischen, satyrischen Ausführungen und Einlassungen fort- und weiterzufahren.

„Vermutlich werden einige meiner hier anwesenden und von mir so überaus geschätzten Gästinnen und Gäste schon einmal in der Dritten Welt gewesen sein. Als Soldaten. (Adolf kicherte bei diesem geäusserten Gedanken!) Ich unterstelle: Ihr Weg war nicht so weit wie der meines schwarzen Freundes. Immerhin haben wir ja einiges vorbereitet, diese Wege bequemer zurück zu legen. Unser Rucksack war proviantmässig auch gut gefüllt. Es war also nicht umsonst, auch wenn wir unsere Wegerleichterungen mit einigen, nicht ganz unerheblichen Opfern erkaufen, erfahren mussten.
Sie lachen? Da muss ich aber lachen!"
„Wer lacht denn hier?", liess sich Alexander der tatsächlich Grosse vernehmen.
„Ruhe!", rief Jeanne aufgebracht, die die militärischen Äusserungen, sie verstand alle taktischen und strategischen Metaphern Adolfs mit kaum auszuhaltender innerer Spannung und zunehmender Erregung, verfolgte.
„Sie lachen nicht? Schade, hier müssten Sie im Grunde genommen lachen. Kurz: Ein Weg ist so lange, wie er ist. Descartes! (Nun lachte man tatsächlich.) Sie lachen schon wieder? Ja? Denken Sie doch noch an den berühmten runden Fussball. Wollen wir also den Weg zusammen gehen? Sehen Sie, nach einem solchen Essen, wie wir es heute Abend haben geniessen können, und nach einer Satire wie der Meinigen, die beide wirklich nur richtig zu verdauen sind, ist doch jeder Weg zu weit. Und ausserdem: Wege sind immer zu lange, es sei denn, es sind meine Wege, die ich vor langer Zeit habe machen, zurücklegen lassen, von treuen und tapferen Soldaten."
„Hort. Hört." „Schluss jetzt!" „Keine Kriegsgeschichten, ich bin Pazifist!"
„Aber, ich bitte Sie, meine wirklich lieben Gästinnen und Gäste. Ich möchte so gerne fortfahren."

Man sah eine Träne in Adolfs linkem Auge schimmern. Der Ärmste. Lou Andreas zitterte leicht, so grosses Mitleid hatte sie mit dem Festredner, der zu seinem eigenen Feste sprach. Wie glich er doch ihrem geliebten Friedrich, wie engelhaft war er doch wie einst ihr Rainer! Wie der Panther, dachte sie beglückt. Auch sie musste einige kleine Tränen, aus beiden Augen, mit ihrem feinen Seidentaschentüchlein auffangen.

„Nun gibt es Leute, Menschen – natürlich sind Sie nicht damit gemeint! -, die scheinen entweder immer zu verdauen oder überhaupt nie. In dieser Stunde, in diesem Lande wird verbal, ich möchte mich ganz klar äussern und ausdrücken (na, dann drück' mal schön, kicherte Nero) – haben Sie Magenschmerzen oder Verdauungsbeschwerden? -, viel Verdautes und meist Halbverdautes zur allgemeinen Belustigung präsentieren. Und ich meine es wirklich und auch tatsächlich so. In dieser Stunde habe ich viele Zeichen erfahren dürfen, dass dem so ist, wie ich es in diesem unseren Lande schon immer zu verspüren meinte, nein immer schon wirklich und tatsächlich verspürt habe. Nur in Bayern bleibt offensichtlich alles drin. Und obwohl wir immer in Nürnberg öffentliche Verdauungshearings veranstaltet hatten. Aber eben die Zeiten sind nicht mehr die selben. Und auch nicht mehr die alten. In Bayern wird die bundestägliche Verdauung, in dieser Stunde, für uns alle vorbereitet. Auch durch die Opposition. Sehen Sie, meine verehrten Gästinnen..."
„So 'n Quatsch"; Diogenes schloss seine Fasstüre.
„Genug der Magenologie."
„Genug des Unsinns", brüllte Alexander. „Was wollen Sie eigentlich? Jeanne, kommen Sie, wir gehen." „Und ich mit Ihnen?". Jeanne erbleichte merklich. „Ja, natürlich. Ich kann Ihnen viel beibringen. Mehr, als Sie zu wagen hoffen."

Jeanne, die Eiserne, errötete heftig, blickte verstohlen um und verschwand dann mit ihrem neuen Alexander, dem grossen Grossen. Der arme Andreas blieb alleine zurück. Wo war ein möglicher Partner?

Noch während der letzten Sätze des Festredners hatten sich schamlos neue Paare gebildet, die nach und nach, ohne sich zu schämen, verschwunden waren, und die übrig gebliebenen Einzelnen suchten unter den letzten Mohikanern nach ihrer geeigneten Ergänzung. Adolf stierte bittend ins Leere vor sich hin. Er suchte Zustimmung zu erhaschen, auch da noch, wo sie ihm nicht entgegen brandete.

Es war ja voraus zu sehen.

Wie ein wirklich begossener Pudel stand Adolf hinter seinem Rednerpult, rechts und links von all seinen Insignien festlich umrahmt. Langsam ging Lou auf ihn zu. Sie war die letzte Gästin, die ihm noch zugehört hatte. Sie nahm ihn bei der Hand, trocknete seine mit ihren Tränen und murmelte ihm ins Ohr, alle verstünden sein grosses Sendungsbewusstsein nicht. Sie freilich hätte endlich, oh Friedrich, oh Rainer, ihren Messias gefunden. Derweilen hatte Sigmund, der Weissbärtige, eifrig Notizen gemacht und zum wiederholten Male seine Unfähigkeit verflucht, nicht stenographieren zu können. Zudem war es ihm auch nur mit grösster Anstrengung möglich, mit Klein-Anna auf dem Schoss, viel schreiben zu können. Aber eine kleine Ladung Kokain hatte ihn so auf Draht und den Kiwif gebracht, dass er beinahe die ganze Satire Adolfs auswendig hersagen konnte. Schon analysierte er eifrigst. Seit Lou jedoch mit und bei Adolf stand und ihm seine Tränen, die tatsächlich und übersehbar reichlich flossen, trocknete, war Sigmund aus dem Häuschen. Ebenfalls begeistert war auch Carl. Die beiden hatten sich vor einiger Zeit grossartig im Vorbewusstsein versöhnt. Ihr gegenseitiges Urmissvertrauen hatten sie erfolgreich wieder einvernehmlich abgebaut.

So schnell geht das.

Beide hatten sie die anderen Gäste vergessen, Klein-Anna maulte, ohne aber die Aufmerksamkeit der beiden wieder vereinigten Seelen erhaschen zu können, auch nicht in Ansätzen. So fing sie jämmerlich zu schreien an, und da schien Sigmund sich ihrer zu entsinnen. Er strich ihr fahrig über das Haar, nannte sie „mein Zensor", und Klein-Anna war glücklich. Sie nuckelte wieder am Malstift Sigmunds.
„Aber, Klein-Anna, denk an meine Analysen. Was die Leute wohl denken werden, wenn sie dich so sehen!"
„Na, soll ich mir an deiner Hose zu schaffen machen, oder etwa Onkel Carl an seinem Ding zupfen?"
Sigmund wurde knallrot, Carl kicherte und meinte zu Klein-Anna, warum eigentlich nicht, das wäre doch auch einmal sehr nett. Er würde sie gerne in gewisse Sphären einführen. Und ausserdem müsste Klein-Anna wohl wirklich nach und nach in die nächste und letzte Phase eintreten und eingeführt werden. Dem musste Sigmund, nolens volens, zustimmen, was ihm aber nicht leicht fiel. Er dachte jedoch an das eben abgebaut Urmissvertrauen Carl gegenüber, und so konnte er Carl nur zustimmen. Ausserdem muss man so, so sein eigener Trost, seine Theorie leben, wie er sich und auch den anderen gegenüber immer wieder betonte. Beide zogen sich in den noch von Franz ange-

legten Vogelgarten zurück. Da hörte sie dann die Xanthippe einige
Zeit später, beim zufälligen Vorbeigehen, heftig miteinander turteln.
Adolf hatte sich erholt und schmiedete zusammen mit der wieder
erblühten Lou eifrig Zukunftspläne. Keine Spur mehr von Eva. Lou
liebte Hunde. Eva hatte schon immer etwas gar viel Respekt vor den
Ungetümen Adolfs. Und schliesslich hatte Nero Hunde nicht nötig, er
selbst war kräftig genug, und seine Hände sucherisch ausgezeichnet.

Alexander Haig war für solch ausschweifende Spielchen, Suche nach
Kugel auf Kugel und Ähnlichem, auch in und nach all den Jahren, die
er schon in A. zugebracht hatte, nicht zu haben. Für Tennis hingegen
jederzeit, in jeder Situation, an jedem Ort, mit Jedem, zu jeder Tageszeit. Zumal Tennis seine grosse Leidenschaft war; Sigmund pflegte
von Ersatz zu schwätzen, was Alexanders Miene etwas säuerlich werden liess. Gepachtet schien Alexander diese Leidenschaft zu haben.
Und dann natürlich die zahlreichen, ja zahllosen und endlosen Diskussionen mit Andreas. Für sein Leben gern stritt er sich mit ihm. In aller
Freundschaft, Offenheit und, es versteht sich, Konstruktivität. (Dies
konnte der alte diplomatische Haudegen sich einfach nicht verkneifen,
er konnte sich weder verstecken noch verleugnen!) Aber der gute
Andreas, wie er väterlich zu sagen sich verpflichtet glaubte, ein wah-
rer Hitzkopf, liess sich noch viel zu oft von den zahlreichen Weibern,
allen voran die Jeanne und die Lucrezia, ablenken. Und nicht nur von
den Weibern schlechthin, sondern auch von ihren ausgesprochen ent-
wickelten äusserlichen Erscheinungsformen. Alexander selbst nun war
keineswegs unempfindlich und unberührbar weiblichen Reizen und
weiblichem Charme gegenüber. Keineswegs war er der weiblichen
Besucherinnenschar abhold, ihr entgegen gar abgeneigt. Ein Kostverächter war er noch nie gewesen. Oh nein! Einige Damen könnten
ganze Arien singen. Und zwar nicht nur in der Altlage, sondern in
höchsten Koloratursphären. Bei Diskussionen nun sich jedoch unterbrechen lassen, von einem Rockzipfel oder einem eben nicht mehr
geschlossenen, sondern Einblicke gewährenden Knopfloch, das ging
selbst auch einem Kostgänger etwas zu weit. Politik irgend welchen
Hügelchen und Hügeln unterzuordnen! Wie sollte denn eine Jeanne-
Brust, wie sie doch immer wieder zu bestaunen und auch zu betasten
war, der hohen Dialektik vorgezogen werden? Eine, zugegeben, kna-
ckige und zum Greifen einladende Hinterbacke, wichtiger als globale
Abrüstungsfragen? Alexander musste sich eingestehen, hier intellek-
tuell an seine Verstehensgrenzen gestossen zu sein. Darüber geriet er
sich in die Haare mit Andreas. Der hinwiederum liess sich nicht lumpen. Mit Lucrezia auf seinem Schosse, inwieweit nun sein Knöpfe
offen waren, war unersichtlich, analysierte er Alexander meisterlich in

Kürzestmanier. Die Pflege menschlicher Wärme und Nähe, ebenso auch die Pflege internationaler Kontakte mit grossen Grössen, sei, so Andreas, von aller grösster Wichtigkeit. Bei diesen Worten kniff er seine Schöne etwas durch ein geöffnetes Knopfloch. Spielraum internationaler Kontaktierungen, so Andreas. Und wieder kniff er. Und wiederum kicherte sie neckisch. Auch dies sei von Nöten, um zu seinem eigenen Ego zu finden, und zurückzufinden, wie er wortreich unterstrich. „Oh ego mio", so folglich der Kommentar seines Busenfreundes. „Erkenne die Wichtigkeit des Alter Ego, mein junger Freund." Worauf Andreas Hände ihre Suchaktionen verdoppelten. Dennoch liess Alexander nicht locker. „Wer sucht, der findet. Aber du suchst falsch, mein Freund. Und folglich wirst du falsch finden. Schönes wohl, Unnützes aber!"

Dies nun ein klassisches Beispiel von Kontraproduktion. Brummend verliess Andreas seine gemütlich Ecke, nachdem er seine Lucrezia unsanft von seinem Schosse gestossen hatte. Ebenso wie sie richtete auch er seine Knöpfe. Und ebenso wie sie zog er ein missmutiges Gesicht, ging zur Türe und knallte sie, dass verschiedene Gläser klirrten. Ob er sich ausweinte, ist nicht zu eruieren. (Und deshalb soll hier auch nicht weiter gefahren und weiter geforscht werden.)

Alexander, erstaunt ob dieser heftigen Reaktion seines Freunde, forderte Sokrates, der diesem Disput vergnüglich zugehört hatte und ihm geistig rege gefolgt war, zu einer Partie Tennis auf. Dieser selbst brach in wahre Elogen und beinahe bukolische Jubelgesänge aus, da er nun einer Feministin ledig war – zumindest für einige wenige Stunden. Knaben, ja Knaben erhellten seine dunklen Stunden, gedanklichen Stunden, denn in A. waren solche lobenswerten Knaben nur rein gedanklich anwesend. Wohl war der Venedigmann anwesend, aber ein junger Knabe war auch er nicht mehr. A. war unerreichbar für ihn. Ein Gespräch jedoch oder eine Partie mit dem kleinen Ball-übers-Netzhauen und dabei von Ecke-zu-Ecke-rennen liess ihn schwach werden; geistig und erstaunlicherweise auch physisch. Jedoch darf diese physische Schwäche nicht mit der erträumten Schwäche gleich gesetzt werden.

Wahrlich, Sokrates war ein brillanter Tennisspieler. Dialektisch war sein Spiel zu nennen, ein immer wieder angestrebter Dialog – freilich mit sich selbst. Egozentriker leiden unter der Tatsache, dass der Ball schneller übers Netz transportiert werden kann, als der Lauf eines Dialektikers ihm zu folgen vermöchte. So war der Philosoph auf einen Gegner angewiesen, der ihm nur dazu diente, seinen Selbstdialogen frönen zu können. Doch der rohen, um auf das dialogische Spiel zurück zu kommen, noch von Kriegszügen – Kreuzzügen, meinte der Böse – gestählten Bolztaktik und den Hammerschlägen eines Ex-Generals war der Egozentriker rein kräftemässig nicht gewachsen. Dem Vietnamstahl hatte der Schierlingstrinker nichts entgegen zu setzen. Auch dialektisch angesetzte Ballschläge fruchteten kaum. Der Philosoph konnte den Kriegsmann, die Kriegsgurgel nur durch Stopp- und Lobbälle, eben dialektisch-selbstdialogisch, erwischen, was freilich höchst selten gelang. Hin-und-her-scheuchen hatte keinerlei Sinn und Zweck. Ganz im Gegenteil schienen Alexanders Kräfte dadurch sich exponentiell zu vergrössern. Der Krieger war in guter, in einer beneidenswerten körperlichen Verfassung. Über Geist zu sprechen, verbietet sich hier. Ein eifriger und ständiger Beobachter dieser Ballschlachten war der gute Diogenes, der sich beim Betrachten köstlich amüsierte, aus der offenen Fasstüre blinzelnd, denn hin und wieder musste auch er seine Behausung lüften, auch wenn er von Hygiene so gut wie nichts hielt, was ihm wiederum die eifrigen und auf ständiger Suche sich befindenden Damen vom Leibe hielt. Ausnahmen gewiss. Von seinem Fasse aus verfolgte er die balligen Auseinandersetzungen von Dialektik und Taktik, von Dialog und roher und brutaler körperlicher Gewalt. Geist gegen Brutalität, wie er zu kommentieren pflegte. Ein Nagel mehr mit Kopf. Auch er hatte sich einmal mit einem solchen Ding in der Hand versucht. Die ersten Schläge, und mit ihnen war der Ballkonsum erheblich, liessen ihn indes sehr schnell erkennen und zur folgenreichen Einsicht kommen, dass der rohen Gewalt von seiner Seite her kein Kraut zu wachsen sich je anschicken würde. Geboren war er zu anderem, zu Höherem. So sass er denn in seinem Fasse, vergnügt, war als Schiedsrichter, der unbestechlich war, anerkannt. Seine Ehrlichkeit war rundherum berühmt. Ebenso auch seine Fairness.

Abend. Friedlich war die Stimmung. Man las, man plauderte leise, Hände gingen; Hügel bebten leise, männliche Begleiter schienen wie in leisem Windesrauschen hin und her zu schwanken, leise, des kommenden Sturmes harrend, der alle Stehkraft von ihnen verlangen würde. Zartes Licht fiel auf die Sitzenden, die Hügelkuppen schimmerten leicht transparent, verborgen durch zartes Schleiertuch, hin und wieder schien ein Begleiter, in weiser Vorahnung, seine Widerstandskraft klugerweise zu testen. Doch noch stand das heftige Gewitter aus.

„Aber, Alexander!", rief Andreas hoch rot aus, „wir waren doch beide, und da sind wir uns doch einige, gegen ein System!" „Ich auch!", krächzte Adolf, einer seiner Hunde an seiner Seite. „Aber deines war ein erfundenes, unseres tatsächlich real", hielt Alexander streng entgegen. „Und Sie, seien Sie endlich still!" Der arme Adolf! Geknickt wie ein Rohr nach einem Sturme sass er in seinem Sesselchen und streichelte abwesend seine Hunde, die mittlerweile allesamt an seinen Seiten sassen. Flehentlich sah er dabei Eva an, die aber, einmal mehr, nur grosse, blitzende Augen – welche Augen! – für Nero übrig hatte, den alten Lüstling! Oh, wie weit er von ihr weg war, keine Hand konnte kein Ziel erreichen. Welch' ein Leiden.

Schweigen über die Nacht.

Der Morgen war mit einer seltenen Pracht herauf gezogen. Blutrot spiegelten sich die Schneekuppen in der frühen Morgensonne. Der Himmel, azurblau, wolkenlos, liess die Herzen aller höher schlagen. Und so war denn auch die Devise des heutigen Frühstücks: „Zurück zur Natur!" Und wer liess sich da lumpen! Orangensaft, Müsli, Vollkornbrot, frische Milch, Bergkäse, Produkte von glücklichen Hühnern. Noch glücklicher freilich war Eva, die sich wünschte, ihr Nero hätte mehr als nur zwei Hände.

Heute tausend Tüten und fünf Körbe.

Entre-acte

Der heilige Dichter hatte durch einen Eilboten sein Erscheinen ankündigen lassen. Er gedachte, in vornehme Worte gekleidet, dem wohl bekannten Orte, mit seinen illustren Gästen, seine Aufwartung zu machen. Obwohl bis zu seinem Erscheinen noch Wochen vergehen mussten, herrschte sogleich eine geradezu erschreckende Hektik im ganzen grossen Hause.

Evas Bäckchen wurden von Tag zu Tag röter; Adolfs Hunde hatten nurmehr triefende Augen; ein Hundedoktor stand vor einem Rätsel.
Und der wirklich Grosse: Er nahms gelassen. Dichter, die selbst sich einen Heiligenschein zu geben geneigt waren, genossen allenfalls seine Verachtung.

Neue Teppiche wurden angeliefert. Mit Goldbrokat besetzte Läufer, deren Grundfarbe sinnigerweise königsblau war. Ein eilends herbei gerufener Kunstschreiner verbrachte unendliche Stunden, jeden Tag, um den vergoldeten Dichterthron zu vollenden. Die Dorfjugend probte in der Grundschule drei Stunden täglich „Trittst daher, im Morgenrot; oh du Fürst aller Dichter". Zur Heiligsprechung hatte sich der Dorflehrer nicht durchringen können. Er fürchtete, damit andere illustre Gäste zu verschrecken, so dass ihm möglicherweise zahlreiche Aufträge, Gedichte zu schreiben, zu Feiertagen, Geburtstagen, Namenstagen und dergleichen, entzogen würden. Dazu kam schliesslich, dass er allenfalls den Namen des Dichterfürsten einmal gehört zu haben glaubte. Wie sollte er denn einem ihm Unbekannten noch einen göttlichen Nimbus zuschreiben, wenn, ja wenn...

Wochen eifrigsten Tuns gingen ins Land, in die Berge. Der Tag der grossen Ankunft näherte sich gnadenlos. Und mit der kommenden Nähe stieg auch die freudige und erregte Erwartung zahlreicher Damen. Eva hatte schon vor Tagen zu hellem, abdeckendem Puder greifen müssen, um die Röte ihrer Wangen abzudecken. Zu auffällig war eben diese Röte geworden. Und auch die Hunde waren von ihr abgerückt.

Während des Abendessens am Vortage der so sehnlichst erwarteten Ankunft wurden noch einmal vom Direktor, assistiert von Adolf, alle Verhaltensregeln verlesen. Verbeugungen noch einmal kontrolliert; die Begrüssungsworte wiederholt. Alle Blumenschalen waren geputzt, auf Hochglanz; die Blumen gegossen; der Teppich, der königsblaue, gesaugt und von Hand von jeglichem Stäubchen befreit. Während all dieser letzten Kontrollen krachte wie eine entsetzliche Katastrophe die Nachricht in den Saal, gebracht von einem keuchenden Schnellboten, dass der heilige Dichter, zu seinem allergrössten Bedauern, nicht seine Aufwartung machen könnte.

Leises, verzweifeltes Schluchzen war allenthalben zu vernehmen. Indigniertes Hüsteln zahlreicher Herren. Nur einer kicherte. Wie immer! Wie ein ungezogener Junge. „Na, da ist uns ja allen jede Menge Unsinn erspart geblieben!" Sprachs und verschwand eilends, um sich geworfener Gabeln, Messer, Löffel und auch Gläser zu entziehen.

Die Depression hielt viele Wochen an. Und nur langsam, zaghaft nur, versuchten die Gäste zu ihrem normalen Kuralltag zurück zu kehren.

3. Kapitel

„Da, wo Euphrat und Tigris zusammenfliessen, ist es bei dir am schönsten", flüsterte Nero, mit leicht heiserer Stimme, und Eva erschauerte überglücklich. „Ich war gegen unser System, um ein neues, besseres aufzubauen!" Die AA's konnten es nicht lassen, auch nach der vergangenen, für manch ein heimliches Paar wahrlich berauschenden Nacht, wieder die leidige Diskussion vom vergangenen Abend aufzunehmen. Jetzt freilich hatten sie kaum Zuhörer, da die Mitgäste mit dem dynamischen Frühstück vollends beschäftigt und ausgefüllt waren; zum anderen auch, weil das eine oder andere Paar nach einer Fortsetzung der nächtlichen Aktivitäten suchte, nach einem lustvollen Nachschlag, ein Unterfangen, das freilich durch die Anwesenheit der Mitgäste einerseits erschwert, andererseits sich aber auch noch reizvoller darbot. Manch eine Hand suchte, manch eine wenige fand. Und wer fand, liess Augen in seltenem Glanze erstrahlen.

„Du warst nur gegen ein System, weil du nie in einem System gelebt hast. Ihr seid doch denkunfähige Aussertypen! Und du gehörst noch dazu. Ich bin enttäuscht. Lass' uns darüber nicht streiten. Mein Müsli mag ich jetzt, und nicht sinnlose Streitereien." „Was" – er liess nicht locker – „war denn euer System? Ein alter Leierkasten, ohne Zusammenhalt, ohne wirkliche Leierpfeifen. Als ob nur noch ab und zu die eine oder die andere Orgelpfeife noch einen hauchenden Ton von sich geben könnte, hätte geben können, nur um uns zu zeigen, dass wenigstens die Pfeifen noch da wären und funktionierten. Ich, und mit mir die Wirs, haben versucht, Gerechtigkeit zu finden und für alle zu erkämpfen. Mit menschlichen Mitteln. Wir hatten einen Traum, ein Ziel, für das zu kämpfen sich lohnte. Wir wollten etwas. Ihr wolltet nichts, es sei denn, den Rest von etwas kaputt zu machen. Du und Ihr, Ihr hattet nie einen Sinn, auch nur einen Hauch von Sinn für Gerechtigkeit. Den anderen , die noch einen Schimmer von und für Gerechtigkeit hatten, hast du sie ausgebombt, mit allen Mitteln. Und das nennst du Menschsein? System hatte es ja, das muss ich zugeben, gebe ich freilich auch zu. Wirkliches System. Wie heute in allen Ländern, fast. Alte Menschen sind unbrauchbar; und damit sie dies nicht so genau bemerken, erhalten sie das, was Ihr Rente nennt, damit sie wieder das Geld unter die Menschen bringen und sich dabei übers Ohr hauen lassen! Sie werden von euch gefüttert und von euch sofort wieder ausgebeutet! So ist das, und tatsächlich nicht anders!"

Während dieser Suada hatten sich Nero und Eva in einer hinteren lauschigen Ecke so ineinander verschlungen, dass von blossem Auge nicht mehr erkennbar war, wer wer zu sein hatte. Der genau Beobachter der Szene hatte freilich bemerken können, dass plötzlich während des stimmlich leise unterstützten Handgemenges zwei Knöpfe zu Boden gekullert waren. „Seid umschlungen, ihr wunderbaren Hügel, seid umfangen, treue Begleiter! Welch' bezaubernde Täler und Schluchten. Oh, Euphrat und Tigris, Ihr göttlichen Flüsse, die Ihr euch vereint, mich aufnehmt in eurem heiligen Zusammenfliessen. Seid umschlungen, Ihr fruchtbaren Flussufer, auf dass wir eins werden!" Feurig waren die Worte des Grausamen, der in Augenblicken erotischen Verzückens all seine Grausamkeiten liebend gerne vergass. Wandernd suchte sich sein treuer Begleiter, der kräftige, seine Wege, um schliesslich zur gebetteten Ruhe zu gelangen, um neue Kräfte zu schöpfen, auf dass sein Expeditionshunger nicht versiegte. Leise umschlungen ihn die kleinen, jetzt ruhig fliessenden Wellen, schaukelten sanft ihn, ihn vorbereitend auf weitere Stürme, die er meisterlich zu meistern hatte.

„Bei Gott und um Gottes willen, nein. Verstehst mich falsch, uns alle falsch, gänzlich falsch. Die Gerechten waren wir doch alle. Mit Gottes Hilfe haben wir versucht, den Bedürftigen, an Leib und Seele bedürftigen Menschen einen Hauch von Glück zu bringen. Ohne Blut und Jammer lässt sich auch nicht das kleinste Glück erzwingen. Aber: Blut, Jammer und Tränen halfen ihnen, aufzubauen, neu aufzubauen. Bauen und bauen, sparen und sparen, arbeiten und arbeiten, noch nicht geniessen und noch nicht geniessen. Pension, daran zu denken, bis wir sie ihnen brachten, war ihnen gänzlich genommen. Jetzt sind sie ihrer teilhaftig geworden, durch uns gewiss. Und Blut hat gebracht der Pensionen viele und zahllose. Glücklich sind sie jetzt, strahlend ihre Gesichter. Betrachte die Zeitungen dir, die Zeitschriften! Lachende, glückliche Kinder, die in eine Ananas beissen, eine Banane schälen, Kiwis löffeln. Kinder, spielende. Kinder, spielend mit kleinen Gewehren. Wie viel Verantwortung nehmen wir damit Pädagogen ab, auf dass sie mehr Zeit und fruchtbarer ihre Zeit für die Entwicklung der kleinen Erdenbürger aufwenden können. Kommen die Kinder zur Schule, sind sie kleine Experten im Pistolenschiessen. Fortschritt, mein Freund, im Sinne und im Dienste der Menschheit. Freude im Gesicht!" Leidenschaftlich und poetisch wahrlich verzückt hatte der General gesprochen.
„Auch ich habe dies gewollt!", liess sich Adolf flüsternd vernehmen.
„Kümmere dich um deine Hunde!", kam Andreas' barsche Entgegnung, nun ohne jegliches Einfühlungsvermögen. „Kein Verständnis hast du für solch' gewichtige und weit reichende Fragen, die Zukunft

entscheidenden Fragen." „Kümmere dich um dich und störe uns nicht. Männer reden mit Männern. Du redest mit deinen Hunden."

Ein dritter Knopf war zu Boden gekullert, der freilich nicht von den Umschlungenen stammte; vielmehr hatte Lucrezia in einer Anwallung heisser Leidenschaft Jeannes Wams zu heftig geöffnet, um Frau Frau sein zu lassen.

„Adolf", liess sich der wahrlich Grosse vernehmen, „deutsche Wissenschaftler, in Kollaboration mit ihren österreichischen Kolleginnen, haben ein neues Hundefutter entwickelt. Farbenfroh und nahrungsreich. Rot oder blau, mit Vitaminen deutscher Herkunft und Spurenelementen alpischer Provenienz." „Gewiss ein Judenprodukt", keifte der Schnurrbartträger. „Sein Name", kühlte der grosse Grosse den falschen Grossen, den Hundenarr etwas ab, „ist Erich Braun. Etwa ein Verwandter von Eva?", giftete er, grinsend. Eva, von weitem zuhörend, hatte sich ihrer Umschlingung, Lianen gleichend, etwas befreit, wollte sich auf den tatsächlich grossen Grossen stürzen, nur mit Mühe von Nero, dem Grausamen, zurück gehalten und beruhigt. Adolfs Gesicht färbte sich rot wie das eines unschuldigen Konfirmanden, der eben seiner benachbarten Konfirmandin unter der Kirchenbank die Hand gestreichelt hatte. „Nur für tatsächlich deutsche Hunde. Das ist doch etwas für dich und deine Prächtigen, mein kleiner Adolf." „Ich bin so gross wie du", giftete Adolf nun hochrot zurück. „Aber ich, ich mag keine Hunde." Dies war nun Alexander, der andere, wohl der grosse Grosse, aber der eben doch andere. „Die Geschichte hat mir und nicht dir Recht gegeben. Noch bin ich etwas grösser als du. Kauf' dir das Futter, lass' Eva in Ruhe, sie hat wahrlich Besseres zu tun, du störst sie, und nicht nur sie, geh' und putze deine triefenden Kläffer!" Adolf verliess weinend den Saal, die Wangen flammend rot, der kleine Mund unter dem Schnurrbart verkniffen. Winselnd folgte ihm seine Hundeschar.
Eva hatte sich während dieses gewiss nicht feinen Disputes nach und nach aus ihrer Laokoongruppe gelöst und neben den tatsächlich Alexander den Grossen gesetzt. Bewundernd blickte sie ihm in die Augen, und ungläubig auch. „Du Held, mein starker Held", schmeichelte und schmachtete sie. „Werden wir sehen; und zwar sogleich!" Sprachs, nahm sie bei der Hand und stürmte mit ihr davon, in den Garten. Sie verschwanden in einem kleinen, lauschigen und umrankten Gartenhäuschen. Fortan ward der Ort „das lauschige Eckchen" genannt, obwohl so lauschig es dorten selten zu- und hochging.

Stunden später erschienen die beiden Ringer wieder im Gesichtsfeld der anderen Sanatorianer. Alexander, der nunmehr nicht mehr ganz grosse Grosse schien leicht benommen; Eva ging festen Schrittes, den Blick nach vorn gerichtet, ihr glänzendes Gesicht hochrot vor sich hin tragend. Ob sich der grosse Grosse wohl doch etwas übernommen hatte? Zwei Gläser jedoch des berühmten Stärkungsgetränkes von A. – ein Cocktail aus Gemüsesaft, vermischt mit einem Spritzer Zitronensaft und einem Hauch von Tabasco, garniert mit einem nochmaligen Hauch von Gin – liessen neue Kräfte durch seine Glieder schiessen. Aufrecht war sein Gang, wie ehedem. Derweil schlürfte die üppige Eva – die vergangenen Jahre hatten sie wahrlich aufblühen lassen – träumerisch an einem süssen Likör. An ihrem Glase nippend, liess sie vermuten, dass Glas und Lippen des tatsächlich Grossen sozusagen eine unio mystica gebildet hatten. Hin und her fuhren die Lippen, geniesserisch die einzelnen Tropfen nippend. Wahrlich ein Glück für sie, dass der gute Adolf sie nicht zu Gesicht bekam. Derweilen sass er nämlich, noch immer fassungslos weinend, mit seinen Hunden auf seinem Zimmer. Fassungslos. Verrat! Verrat! Überall Verräter! Überall Verrat!

Später klingelte er gefasst nach einem Hausmädchen, einem blonden. Verstört hielt sie seine Hand, kaum ihn wieder erkennend. Wortreich redete sie dem tapferen Hundehelden zu. Beide beruhigten sich, um ihre Kraft wissend. Er sei so stark, flüsterte die gute Fee ihm ins rechte Ohr. Neuer Mut wuchs im Hundenarren. Der wahrlich Grosse sollte ihn zu spüren bekommen, knurrte er, und mit ihm zusammen all seine Hunde. Und die Eva, die wüste, würde er heute richtig ausschimpfen. Und einen Gute-Nacht-Kuss würde er ihr heute auch nicht geben. Diese grösste aller Strafen habe sie wirklich verdient. Wie konnte sie nur die jahrelang erprobten Vorsätze, alle gemeinsamen Vorsätze, so einfach über Bord werfen, nur weil so ein alter, dummer Trottel ihr den Hof machte, daher kommend mit nichts aus dem Nichts. Er würde, heftig nickte das Hausmädchen, Eva wieder genauer beobachten müssen. Und ein neues Trainingsprogramm würde er ausarbeiten. Für sie beide. Und dabei zerrte er heftig am Halsband der Hündin. Und er nahm sich vor, wirklich

Es bleibt unentschieden, ob oder ob.

Die Krankheit wurde immer rätselhafter. Gängige, bekannte Methoden, Jahre lang erprobt, waren erfolglos versucht worden. Und neue Therapien, gar Therapieansätze waren nicht in Sicht. Extrovertiertheit wechselt mit langen, auch kürzeren autistischen Phasen. Die klassi-

sche Terminologie hatte ganz offensichtlich versagt. Neue Wege mussten gefunden und beschritten werden.

So ist der Fall nicht zu lösen. Weder Theorie noch die gängige Praxis haben einen nivellierenden Einfluss. Man kann doch nicht verifizieren oder falsifizieren, was sich gar nicht falsifizieren bzw. verifizieren lässt! Wissenschaft nennt sich dies. Ich kenne das. Durch ihre Wissenschaftlichkeit hat es die Wissenschaft dazu gebracht, wissenschaftlich gerade unwissenschaftlich zu argumentieren. Mit der Wissenschaftlichkeit hat sich die Wissenschaft dazu gebracht, den unwissenschaftlichen Teufelskreis wissenschaftlich als wissenschaftlich zu definieren und somit zu zementieren. Wiegt die Dialektik sich dialektisch auf, hebt die Dialektik dialektisch sich auf, so zementiert die Wissenschaft ihre Unwissenschaftlichkeit eben durch ihre unwissenschaftlich wissenschaftliche Methode. Im Unterschied zum Lügengebäude, das sich mittels Lügen ausbauen und auch halten lässt, eines Tages freilich zusammenbricht, an der Lüge scheitert, zwangsläufig scheitert, so zementiert die Wissenschaft sich immer mehr mittels Unwissenschaftlichkeit. Ihr Ort ist dann die ALMA MATER. Der Ort der freien wissenschaftlichen Tätigkeit und Tätigkeiten. Die Möglichkeit, frei zu wissenschaften, verdeckt gerade die Unwissenschaftlichkeit. Im weiteren die möglichen wissenschaftlichen Verbrechen durch den Menschen am Menschen, am Tier, an der Natur. Fortschritt.
Findet einer den Mut, wirklich aufzudecken, endet er bekannt.

Ich habs gewusst. Jetzt muss ich büssen. Ich tue es gerne!

Karl Marx, nach einer der wiederholten heftigen Debatten der AA's und dem hin und wieder klar denkenden Adolf: „Alles Unsinn!". So sein Kommentar. „Was wollt ihr denn verstehen? Ich werde ab morgen einen 100teiligen Kurs veranstalten. Einführung in die Menschenkunde, unter besonderer Berücksichtigung der sozialen, ökonomischen und vor allem revolutionären Strömungen, Möglichkeiten und Perspektiven. Ihr werdet alle schon sehn. Nach der 30., spätestens aber nach der 47. Folge werdet ihr die Welt neu und vor allem auch anders sehen. Kommt alle, morgen!"

Und so was sollen wir glauben. Ein jeder Pfleger ist derselbe Schurke wie der alte Verbrecherhaudegen. Der ist, Gott sei gedankt, tot, aber die Pfleger vermehren sich, scheinbar wie die Karnickel.

```
Der Mann hat Recht.
```

Jeannes Knopf hatte Lucrezia vom Boden aufgehoben, leise errötend der Angebeteten zugesteckt, sie an der linken Hand genommen, um sie in den Rosengarten zu entführen. Zwischen den wunderschön blühenden Hochstammrosen schlendernd hatte sich Lucrezias linke Hand in Jeannes oberes Körpertal verirrt, suchend. Hinsanken die beiden auf eine kleine Steinbank, die umgeben von Rosenhecken und Pfingstrosen, den Blick nach aussen kaum mehr zuliess. Erstaunt über Lucrezias heftige Aufwallungen gab Jeanne sich den wilden Küssen der feurigen Italienerin hin. Ihr männlich wirkendes Kampfwams lag achtlos hingeworfen auf dem Kiesboden; die Bergameisen wunderten sich über das feine Linnen, krabbelten neugierig, um die Knopflöcher wandernd. Forschungsreisenden glichen die feinen und suchenden Hände der beiden jungen Frauen.

Derweilen hatte drinnen im Saale Petrarca, der Schwärmer, still dem bösen Treiben aus seiner beschaulichen Ecke zugeschaut, war den Wortgefechten gefolgt, ungläubig und stumm. Er war den Gesprächsfetzen gefolgt, die seine sensiblen Ohren erreicht hatten. Verwirrt war er und zutiefst deprimiert auch. Niemand verstehe ihn, seufzte er traurig sich selbst zu. Gedemütigt und voller Verzweiflung schlich der gute Gute davon, Verse schmiedend über die Abgründe der menschlichen Seele und deren Schlechtigkeit. Stunden später las er sein neuestes Sonett, über die Grausamkeiten der Welt und über die Abgründe menschlichen Seelentuns. Schmerz reimt sich auf gebrochenes Herz, für Leid freilich wollte und wollte er keinen adäquaten Reim finden. Mit Qual so begnügte er sich und dem darauf folgenden Höllental (der Menschheit). Obwohl missverstanden, einmal mehr missverstanden, wo blieb der Sinn für tiefe und hohe Poesie, erntete er nach der ergreifenden Lektüre viel Erfolg und einen kaum enden wollenden Beifall. Vor allem die AA's waren beigeistert. Nur der greise Karl, der ewige Stänkerer, meinte meinen zu müssen, dies sei einmal mehr typisch kapitalistisch-dekadente Poesie. Reime sind unsozial, fügte er noch an, und dies nicht zum ersten Male. Und ausserdem sind Reime elitär, da sie nicht von allen verstanden würden, gerade vom Proletariat nicht, dabei vergessend, dass er, für das Proletariat kämpfend, die Reime sehr wohl zu verstehen in der Lage war.

Stirner brüllte in einem fort: „Ich, Ich, Ich."

Gottlob ist wenigstens die erste Strophe dieses Sonettes erhalten.

Wenn Herzenswunden sich ergiessen,
Und Menschentränen fliessen ,
So wissen Wunde und auch Herz,
Es gibt auch Liebe, nicht nur Schmerz.

„Ich, Ich, Ich." Auch während der Lektüre in einem fort. Niemand indes beachtete den Ich-Künstler. Publikum für seine Ich-Suaden hatte er seit undenkbaren Zeiten nicht mehr. Folglich umso mehr Ichs. Sein Geschrei freilich war bei Petrarcas erschütterndem Vortrag nun doch kein so angenehmer Background. Und dennoch: Reiste er einmal ab, er würde der illustren Gesellschaft fehlen. Oft schon hatte er mit seiner Flucht zu einem Rothschild gedroht, einem sehr merkwürdigen Freunde, der einstens in A. unwillkommen war. Liebevolles Zureden freilich und Stärkung seiner Ich-Kraft hatten ihn am Abreisen hindern können. Er war schliesslich zum niedlichen Hofnarren gemacht worden, zum Gaudi aller, ohne es selbst zu bemerken. Stillschweigend, sozusagen, war er engagiert worden zur Belustigung der Ich-schwachen Gäste, die mehr in Gemeinschaft und Lockerheit machten. Ein bisschen Stärkung, im Sinne eines Thai-Gin-Seng-Om, tat den Prominenten und auch weniger Prominenten gut. In Stirner sahen sie einen Spiegel. Und das reflektierte Bild war einem jeden nicht sonderlich willkommen. Ich-Stärke, von aussen heran getragen, und dazu noch von einem überzeugten Ich, konnte nicht schaden, ebenso wenig wie Naturheilkräuter, sagten sich die Illustren.

Seit Monaten arbeitete Freund Stirner mit einem beinahe unbeschreibbaren Feuereifer an seinem neuesten und, wie er sagte, revolutionärsten Werk. Der vorläufige Arbeitstitel: „Du und die Einzige". Stirner gab sich äusserst geheimnisvoll. Durchgedrungen waren, trotz aller Anstrengungen, keinerlei Details, keine Ideen. Auch die, gemäss Arbeitstitel, möglicherweise angesprochenen Damen wussten noch nicht von ihrem möglichen Glück, das gewiss bei Stirner sich zu einem Unglück wandeln würde. Der Ich-Philosoph gab sich sehr geheimnisvoll, zeitweilig auch gelassen lakonisch. Immer wieder freilich, dies eine Konstante in seiner Geheimniskrämerei, sprach er von einem plötzlichen Knalleffekt, dem er seine Mitgäste unterziehen und aussetzen würde, wäre denn sein Werk eines baldigen Tages beendet, zu einem, wie er völlig unironisch meinte, ich-würdigen Ende gebracht. Ständig murmelte er vor sich hin, Tag für Tag, Woche für Woche: „Du, Du, Du."

Hegels trocken-zynischer Kommentar: „Undialektischer geht's nimmer!"

Sigmund freilich war gänzlich aus dem Häuschen. Mit kariertem Schreibblock, Feder und Assistentin bewaffnet und geschmückt, notierte er sich eifrigst alle Aus- und Einbrüche, sämtliche Bewegungen, Seelenbewegungen und –änderungen Mäxchens. Auch er nämlich schrieb an einem neuen Buch. „Der Fall Marx", so der sehr schlichte Titel, der noch vor der eigentlichen Niederschrift fest stand und vermutlich wenig Erbauliches enthielt. Kapitel über Kapitel war schon gediehen, das Werk wuchs zusehends, ins beinahe Unermessliche, ohne ein vorläufiges oder gar endgültiges Ende auch nur ansatzweise andeuten zu können. Sigmunds Plan war es, unausgesprochen selbstredend, allen Antis ein für alle Male, wie er sich genüsslich auszudrücken pflegte, den Tarif zu erklären. So richtig das Kind-Ich (etwa die Ich-Sau?) rauszulassen, damit die Pseudo-Eltern-Ichs mal in die Pfanne gehauen würden. Bei diesem Gedanken amüsierte er sich köstlich, neben sich seine ausgelassen kichernde Assistentin. Tacheles reden, auf den Putz hauen, dass die Wände wackelten. (Und der Putz tatsächlich bröselte!)
Schlagworte seines Werkes. Kapitelüber und –unterschriften.
Noch hatte er, der gute alte Sigmund, Väterchen Analyse, wie ihn seine Assistentin liebevoll zu rufen pflegt, nicht endgültig ausgespielt. Adler zum Trotz! Oh nein, sie sollten alle, diese Knilche, nur spotten und polemisieren. Er wusste es noch allemal und noch immer besser als sie alle, die Dröselanalytiker. Er schliesslich war vom Fach, er allein vom alleinigen Fach. Und mit Amateuren hatte er sich noch nie abgegeben. Nichts langweilte ihn nämlich mehr und so sehr wie diese sabbernden Analytiker und Ignoranten. Reich der Name, arm die Theorie! Denn jeder dieser Armen wollte ja ein kleiner, oft sogar ein grosser Analytiker sein oder werden. Meist hielt Sigmund sich majestätisch zurück, kam die Sprache der Kleinen auf Analytisches.

Petrarca hatte seine ergreifende Lektüre beendet. Jeanne, platonisch ihm zu Füssen liegend und ihn träumerisch betrachtend, richtete ihre Augen auf sein Gesicht, auf seine Augen. Wie tiefgründig sie war, jene waren, der Grosse selbst war! Sie, die altgediente und unerschrockene Kämpferin, bat leise um eine nochmalige Lektüre, ein Wunsch, dem der gute Franz nur zu gerne nachkam, was nun freilich wieder einige Banausen zur überstürzten Flucht veranlasste. Seine feine Stimme las noch einmal das herrliche Gedicht. Langsam, eindringlich, jede Silbe und jeden Akzent fein skandierend. Auch die selten gestreuten Zäsuren kamen zu ihrem angestammten Recht; wahrlich vergleichbar mit den musikalischen Generalpausen. Bei der Metapher freilich der „faulen Frucht" – überliefert ist nur Jeannes Bekenntnis, diese kühne Wortverbindung vernommen zu haben – entrang sich – oh rohe und grausame Welt, wie sie für Petrarca war! – Jeannes Heldinnenbrust ein tiefer, einige sprachen von „abgrundtiefem" Seufzer. Wie Recht der grosse Poet, ihr Herzensfreund doch hatte. Denn gerade die faule Frucht war es doch damals, die Jeanne von der breiten, unendlich scheinenden Strasse des Erfolges entfernt hatte, sie ihrem grossen, göttlichen Weg abgebracht hatte. „Träume sind Schäume", kicherte der wahrlich Grosse. „Und Frucht ist Frucht." „Ich, Ich, Ich", brüllte Stirner in einem fort. „Was dem Herrn fehlt, ist Dialektik", liess sich der Bärtige vernehmen. „Und ihr werdet sehen, wie gut es euch allen ergehen wird", fuhr Stirner, etwas ruhiger geworden, fort. Marx tätschelte ihm gütig die Schulter und strich ihm etwas fahrig übers schüttere Haar. Lakonisch meinte er, darüber zu schlafen sei besser, als voreilige Schlüsse dazu zu ziehen. Und überhaupt. Morgen würde die interessante Diskussion gewiss wieder aufgenommen werden können. Die beiden AA's waren, wären selbst redend dabei, hatten sie doch auch, wenngleich etwas spät, die beiden alten Kämpen entdeckt, jeder für sich und jeder gegen den anderen. Wie gut sich doch die Alten ausnehmen liessen. Martini, so oft man wollte. Als Vorbild, politisch-kulturelle Basis. Als dialektischer Motor einer grundsätzlich fruchtbaren Basisdiskussion. Im Zeichen moderner Politik.

Immer wieder ist es dem zu Untersuchenden gelungen, uns Untersucher an der berühmten Nase herum zu führen. Schien auch sein Krankheitsbild schwieriger und schlimmer zu werden, die Retardation schritt unaufhaltsam fort, wie wir meinten, so äusserte das Objekt, das medizinisch-psychische Objekt doch hin und wieder profunde Wahrheiten, die selten der Öffentlichkeit zugeführt werden. In normalen Zeiten. Seine Analysen der aktuellen Zeit, basierende auf historisch verbürgten Ereignissen, Persönlichkeiten und Zitaten, entbehren nicht im geringsten Grade der Unwissenschaftlichkeit. Im Gegenteil – sie zeugen von einem tiefen Verständnis der menschlichen Spezies und ihrer historischen Evolution. Es scheinen nach und nach Zweifel an der von uns festgestellten Krankheit zu bestehen. Vielmehr noch; uns erscheint die Krankheit erdichtet, herbei geredet, konstruiert. Wie einfach!

Noch immer gab Stirner keine Ruhe! „Schliesslich sagen auch wir Ich, Ich, ich", meinte der Bärtige beruhigend und begütigend. Seine Versuche, den einmaligen Egozentriker – der sich einen Altruisten reinster Kultur und Provenienz nannte – zu beruhigen, positiv auf ihn einzuwirken, waren selten von einem länger anhaltenden Erfolg begleitet oder gekrönt.

Plötzlich: „ICH, ICH, ICH!" Adolf, hochrot im Gesicht, stand mitten im Salon, Schaum vor dem Mund, vier seiner Hunde an seinen Seiten. Man erinnert sich an ähnliche Szenen der vergangenen Jahre. Die liegen, zugegeben, etwas zurück. Und ausserdem hatte männiglich auf eine endgültige Heilung gehofft. Im allgemeinen und auch speziellen Interesse. Welch' ein Trugschluss! „ICH, ICH, ICH!", wiederholte er brüllend. Seine Hunde bellten, je zwei zu jeder Seite, funkelten mit ihren ekligen und Blut unterlaufenen Augen und wollten allen an die Beine. Adolf selbst schien sich einen Augenblick lang zu assen und gab seinen Kötern einige trockene Hundekuchen. Ruhig waren sie. „Ich hatte immer Recht", schrie er wieder und unausgesetzt. „Immer! Und in Ewigkeit!"

„Komm jetzt, Schätzchen", sagte Eva demütig zu ihm, nahm ihn an seiner rechten Hand. Sie warf einen leidenden Blick in die erstaunte Runde; einen Blick, der alle zwar aufatmen, aber doch ein tief empfundenes Bedauern äussern liess, nonverbal versteht sich. „Sie hats nun wirklich nicht einfach", so der allgemeine Tenor der Runde. Als die beiden beim Grossen, Eva noch immer ihren Adolf am rechten Händchen haltend, vorbei kamen, warf sie ihm einen flammenden Blick zu, der freilich schwer zu deuten war, für die Nichteingeweihten. Das kurz darauf folgende Geflüster und Gewisper in der Pergola ersparten aber den Zurückgebliebenen eine möglicherweise späte und auch falsche Erkenntnis. Das Geturtel liess an Eindeutigkeiten keinen Wunsch und vor allem keine Fragen offen. Der wahrlich Grosse schien auf verdoppelter Erkundungstour zu sein. Zeugen dieses Suchens und Findens waren die meisten Anwesenden, sie alle freuten sich für und mit der Ärmsten. Allein – Adolf hörte nichts, vernahm nichts; berauscht war er von seinem späten Triumph, sass in seinem Zimmer und hielt seinen nunmehr vollständig versammelten Hunden eine weitere Vorlesung, mit glühenden Worten, über sein Reich, seinen Willen und seinen Lebens- und Diktatorentrieb. Reden konnte er, da beisst das Mäuslein kein Fädlein ab. Die Hunde waren dementsprechend eingeschüchtert und liessen ihre Ohren hängen und die Linsen ihrer Augen sich trüben.

Lange später, noch immer in der Pergola – Adolf schlief selig, eingedenk seiner Machtdemonstration – beschäftigten sich der wahrlich Grosse und die heissblütige Eva immer lautstarker mit sich und so lautstark miteinander – einige Herrschaften schienen nun tatsächlich eine gewissen Unruhe erkennen zu lassen -, dass Diogenes sich nicht enthalten konnte, sich mit aller Deutlichkeit und vor allem Unmissverständlichkeit in seinem Fasse und aus seinem Fasse vernehmen zu lassen. Er habe ja nichts dagegen, er sei ja schliesslich kein fleischlicher Asket, aber dies ginge nun doch entschieden zu weit. Ausserdem bitte er um mehr Ruhe und Rücksicht, da er gerade, in Begleitung, mit der Lösung und dialektischen Diskussion eines eminent wichtigen philosophisch-anthropologisch-kulturellen Problems beschäftigt sei, das nebenbei seine gesamten physischen Kräfte mit beansprucht. Das lautstarke Geturtel lenke ihn zu sehr ab. Schliesslich sei sein Denken wichtiger, in Begleitung, und von grösserer Bedeutung als der sinnvolle Ehebruch Evas, was er im Übrigen nicht in seiner Gänze billigen könne. Der wahrlich Grosse entgegnete ihm trocken und laut, wenn der Fässler sich schon einen Dialektiker nenne und schimpfe, so solle er die momentane, aktuelle Situation, also auch seine Begleitung, auch in ihrer tiefen Dialektik erfassen und gründlichst überdenken – und durchdenken. Dies sei das eigentlich philosophisch-anthropologisch-kulturelle Problem. Und nicht sein dämliches Fassleben. Der Ehebruch sei im Übrigen eine wirklich und tatsächlich zutiefst dialektische Angelegenheit. Falls er dies nicht verstünde, so solle er doch seine Begleitung austauschen. Dächte er darüber nach, so sähe er es ein. Denn ihr Problem solle er überdenken und auch lösen, und nicht die in ihrer Konsequenz so nichtige Frage, ob das Fass oder ein Bett besser oder bequemer sei. Und als Letztes schliesslich solle er endlich seine ewige, hinterhältige Frauenfeindlichkeit ablegen. Sie sei nun wirklich abstossend, ja sogar Ekel erregend. Er selbst verpasse mit seinem dummen Verhalten eine ganze Menge. Er selbst wisse ein Lied davon zu singen. Freilich sah der tatsächlich Grosse nicht die Begleitung. Damit, nach diesem gewaltigen Statement, machte sich der grosse Grosse wieder an Eva zu schaffen. Flüsse und Täler zu erkunden war sein Tun. Eva nahm seine Aktivitäten freudigst zur Kenntnis, und unternahm ihrerseits nun Expeditionen in hängende Gärten, einer Strahlerin gleichend, denn die Pause hatte sie als äusserst unerfreulich, störend, ja gar Lust tötend empfunden. Kleine Hügel findend und liebkosend, entlockte sie manch Geräusch, das wiederzugeben der gute Anstand verbietet. Intensivste Zwiesprache hielt sie mit dem freundlichen Begleiter des wahrlich Grossen, ihn stützend und haltend, ihm freudig zusprechend. Ihn sanft in ihre Hügel und Täler führend, auf dass er ihm bislang unbekannte herrliche Landschaften kennen lernte, sich in ihnen wohl fühlte, sich behaglich zur Ruhe betten liesse. Und doch – ein kurzer heftiger Ausruf des Glücks und Wohlbehagens liess die heissblütige Eva erschauern; Angst und bange wollte ihr werden ob diesem Ausbruch, doch wusste sie, dass der Begleiter stets wortkarg, nur gelegentlich zu verbalen Entzückungsausrufen hingegen zu bewegen war. Und doch waren es diese Hurrarufe, die sie in ihrem wohltätigen Tun bestärkten, dem auch der wahrlich Grosse einen grossen Teil seiner Empathie widmete. Zur Ruhe, später, bettete er seinen Begleiter an den Flussufern, doch wollte er vorerst keine Ruhe finden, zu sehr bewegt waren die Ufer. Lange währte der Wellenschlag, ehe auch dieser sich zu beruhigen schien. Und auch das Stoffwallen über den Hügeln der Hügel liess nach, als ob sich der Abend mit seiner Ruhe über die Landschaft zu legen schien. Fernes Donnergrollen und feuriges Wetterleuchten kündeten indes von neuen Unwettern, die schneller die beiden Turteltauben erreichten, als sie es sich ahnen liessen. Kurz und heftig war der Sturm, der über die beiden hinweg fegte; erschöpft blieben sie in der folgenden Ruhe liegen, Tautropfen betrachtend, die kristallen leuchteten.

```
Und das soll gut sein? Es ist doch ein Unding,
und ausserdem eine mittlere Beleidigung für
jedermann, solches als zu Konsumierendes ver-
kaufen zu wollen. Wer polemisieren will, muss
Polemik als Handwerk nun auch tatsächlich ver-
stehen. Ausreden wie: Das haben auch andere
gemacht, treffen nicht zu, sind faule Taschen-
spielertricks. Wie lange soll sich jedermann
solches Ungetue eigentlich noch gefallen las-
sen?
```

4. Kapitel

Die deutsche Woche lag Tage zurück, die Gemüter jeglicher Schattierungen hatten sich beruhigt, allein die zahlreichen Turteltauben waren emsig weiterhin beschäftigt; da kam die für einige nur frohe, und für mehrere unfrohe, Kunde, dass der bekannte Wüstling Marquis seinen Besuch zwecks Vortrag in A. anzukünden sich beliebte. Die Aufregung war hin und wieder übergross, einzelne Turteltauben jedoch freuten sich im Stillen, da sie doch eine Bereicherung ihrer bislang durchgeführten Expeditionen, und vor allem auch neue tatkräftige gedankliche und sonstige Anstösse sich erhofften. Und vor allem war es der Wunsch einiger Suchenden, in neue Gebiete vordringen zu können, bislang jedoch unwissend, welche Mitnehmsel nun unentbehrlich waren. Kurz: Die Gefühle waren gemischt, der Ankunft des Berüchtigten harrte männiglich und frauiglich in gespannter Ruhe und Unruhe.
Die Tage flogen, die Pergola war erfüllt von Suchenden, denen jedoch nur selten neue Expeditionen erfolgreich zu gelingen schienen.

Er kam, kam an, entstieg einer festlichen und seinem Rufe angemessenen Kalesche. Seine lange und wahrlich beschwerliche Reise sah man ihm nicht an; jugendlich-drahtig entstieg er seiner Kutsche; seine Diener trugen verschiedene Koffer ins Gästehaus, Koffer, die nun die Phantasie der allzu Neugierigen anstachelten. Wie kleine Kinder freilich mussten sie an ihren Fingern abzählen, dass sie noch zwei Mal zu schlafen hatten, bis nun der Berüchtigte zu seinen Ausführungen anheben würde.
Zuvor jedoch, beim ersten Dinner, versuchten gleich einige wenige, tatsächlich vorwitzige Damen, dabei war erstaunlicherweise auch die Xanthippe, beim Berüchtigten sozusagen eine vorgezogene kleine Privatlektion zu erhaschen. Für solche Ansinnen jedoch hatte dieser nur ein zynisches Lächeln parat. Über das Stadium der Privatlektionen sei er längst hinaus, so sein lakonischer Kommentar. Und falls die Damen, so sein Fortfahren, in seinen so genau und indiskret betrachteten Koffern, Bergsteiger- und andere Expeditionsutensilien vermuteten, die er einer privaten Demonstration zuleiten würde, so sähen sie sich getäuscht. Zum einen, weil er sich seine Damen zwecks Expeditionen selbst aussuchte, schliesslich sei Mann Mann!, und zum anderen würde er sie vermutlich damit gewaltig erschrecken. Denn seine Erfahrungen hätten ihn gelehrt, dass gerade die Damen, die nichts von ihm dies bezüglich verlangten, die dankbarsten Begleiterinnen seien. Und zum Letzten: schliesslich sei er her gekommen, um zu referieren – und nicht um zu expedieren. Dieses klare, geradezu radikal anmu-

tende Abgeputztwerden verletzte die suchenden Damen ganz offensichtlich; dennoch blieb ihnen die leise Hoffnung, dass sie bei seinen kommenden Ausführungen wenigstens zeitweilig als seine Expeditionsbegleiterinnen fungieren durften, sozusagen als Teile eines kleinen Rollenspieles. Denn diese Rollenspiele spielten (er pflegte diese Wortwiederholung mit grosser Akribie) in seinen Ausführungen, die er schon im Orte des Rothschilds gehalten hatte, eine nicht unerhebliche Rolle. Warten und Hoffen.

Der Abend der Abende für einige viele, der Unabend der Unabende für einige wenige. Die Worte müssen nicht wiedergegeben werden. Von seiner früheren Zeit ausgehend, die er einer brillanten Analyse unterzog, die er als katastrophal und unmenschlich bezeichnete, schlug der Berüchtigte in souveräner Manier einen kühnen Bogen zu A.. Mittlerweile sass Xanthippe unbeweglich auf dem Beistellstuhl, sah auch schon reichlich lädiert aus – und verwünschte im Stillen doch ihre Gier nach Expeditionsbegleitung. „Tut, was verboten ist, und Ihr werdet selig werden!" Dies ein erster Höhepunkt der Ausführungen. Brillant auch die haarscharfe Analyse von A.. Unruhe machte sich hin und wieder verlautbar. So schrie Adolf plötzlich, dass er mit seiner Rassentheorie schon immer mit dem gesellschaftlichen und moralischen Morast habe zu Gericht ziehen wollen. Dem nun hielt der Marquis kurz und knapp entgegen, dass Politik, nein Pseudopolitik, und Menschsein im weitesten Sinne nichts miteinander zu tun hätten. Menschsein sei Erfüllung von Sein und Wünschen, Politik sei Erfüllung von Unmenschsein. Und: Züchtigung als Element des Menschseins sei elementares Menschenrecht, sofern es denn beiderseitig erwartet, gefordert, gewünscht, erwünscht und ausgeführt sei. Dem nun schien die gute Xanthippe immer weniger zustimmen zu wollen, so dass sie sich freiwillig durch die vorwitzige Cleopatra auf dem Stuhle ersetzen liess, die sehr bald schon in seltener Manier zu geniessen schien.

Eine halbe Stunde war seit dem Beginn der Ausführungen des Berüchtigten verflossen, und alle Koffer waren leer, ihr Inhalt lag vor aller Augen, einige Teile waren im kurzfristigen, freilich passiven Besitz der glutwangigen Cleopatra. Doch sie musste den kurzweiligen Besitz immer wieder gegen neuen solchen eintauschen, was ihr freilich wiederum nicht unangenehm zu sein schien.

Der Mensch sei des Menschen Abgrund; und je abgründiger dieser Mensch dem Menschen auch ist, desto tiefgründiger wird die Beziehung zwischen aktiven und passiven Seinsformen; wenngleich nicht ewiglich, sondern eher zeitweilig, das heisst in zeitlichem Umfange begrenzt. Denn, so fuhr der Berüchtigte fort, den Gedanken weiter spinnend, der Tausch von Aktivität und Passivität erträgt, zeitlich und auch sonst betrachtet, nur eine gewisse Zeitspanne, zumal die oder gerade weil die Passivität sich nicht unendlich lange erstrecken liesse.

Mittlerweile war der ungepflegte Diogenes mit seinem morschen Fasse in den Vortragssaal herein gerollt. Und, ehe sich auch nur jemand dessen gewahr werden konnte, stimmte er dem Berüchtigten wortreich zu, mit der Bemerkung freilich, dass sein jetziges Fass, gerade einmal acht Jahre alt, durch seine aktiven und selten auch passiven Übungen schon beinahe kaputt sei. Und dies, er wiederholte sich, nach nur gerade acht Jahren. Sein erstes Fass freilich, sein griechisches, habe jahrzehntelang wichtige Dienste geleistet, im Passiven wie auch Aktiven.

Cleopatra rutschte auf ihrem Beistellstuhl hin und her, ihr war anzusehen, dass sie entweder befreit oder neuen Ausführungen ausgesetzt zu werden wünschte. Diesem Wunsche kam der Berüchtigte nach, indem er seinen roten Faden wieder aufnahm.
Was er, so hub er wieder an, in seinen zahlreichen Büchern, vor allem in den leider verbrannten, beschrieben habe hinsichtlich Erotik, Genuss und den so genannten Perversionen, stelle sich jetzt als geradezu geniale Prophetie heraus. Und diese Prophetie war es, die der mutigen und widerstandsfähigen Cleopatra weitere Entzückungsrufe entlockte.
Er habe, so der Marquis, schon immer gewusst, dass die Menschheit, vor allem die abendländische, „meine Herrschaften, keine Symbolik!", sich in ihre eigene Apokalypse treibe, geniessend freilich, seis im Aktiven, seis im Passiven. Ausser den Römern, die sich jetzt Italiener nennten, und den Griechen, die wie ehedem Griechen seien. Inzucht und Staatsdiktatur, unter dem Deckmantel der Demokratie, hätten Europa ausgehöhlt, zum Untergang verurteilt. Und dieser Einsicht sei nur mit der privaten Mischung von Aktivität und Passivität, die auch bis zu einem gewissen Punkte der Öffentlichkeit preis zu geben sei, zu begegnen, sozusagen als Vorgeschmack auf die tatsächlich und unabweisbare Apokalypse. Sozial, kulturell und moralisch sei Europa ausgehöhlt. Von Politik zu sprechen verbiete der gesunde Menschenverstand. Und dies unter dem Deckmantel des Fortschritts, der modernen Menschlichkeit.

Cleopatra hatte während dieser zu einem Ende des Vortrags führenden Gedanken sich dem Beistellstuhl entwunden und sich in eine hintere Ecke verkrochen, da, wo Pflegetöpfchen zur allgemeinen Verwendung bereit standen. Sie bediente sich reichlich, wie der Hausmeister am nächsten Morgen feststellen musste.

„Mit dem äusseren Schein versucht sich die herrschende Klasse an der Macht zu halten. Die Polarisierung ist ihr gelungen, zwischen wenigen Mächtigen und dem grossen Haufen der Proles. Mit Pseudomode, ekelhafter Pornographie werden die Menschen abgespeist, auf dass sie ihr Elend nicht erkennen. Uns ist die Aufgabe gestellt, dieser Einsicht aktiv und passiv entgegen zu wirken. Ein jeder von euch erstehe sich zumindest einen Teil meines Kofferarsenals. Darin liegt ein grosser Teil unserer zu Ende gehenden Glückseligkeit."

Sprachs und entschwand augenblicklich dem hingerissen zuhörenden Auditorium. Lange hallte ihm der Applaus nach, noch als er auf sein Zimmer ging, eintrat und die wartende Dame erblickte, die ihm bot, was er sich so oft und auch so vergeblich gewünscht hatte.

Szene 7

Es werde dunkel und Beatrice erscheine im Lichterkranze des Poeten, auf seinem Berg. Seine neuesten Elaborate solle er darlegen und mit sonorer Stimme allen zu Gehör bringen. Pflicht sei freilich, keine Tränen zu vergiessen.

Vorschlag abgelehnt. Eine neue Alternative soll durchgespielt werden. Ein Vortrag. Der Redner war bzw. wäre noch zu bestimmen, denn jetzt freilich ist es schon bestimmt.

Die Damen kicherten und freuten sich des kommenden Rollenspieles. Lakonisch meinte der wahrlich Grosse, damit sei keinem einzigen Tierchen, hier im Hause und anderswo, auch keinem Hunde freilich und logischerweise, gedient. Der Redner solle sich vielmehr sofort zu erkennen geben und nicht hinter dem undurchsichtigen und schweren, farblich scheusslichen, Vorhang seine sicherlich abscheuliche Rede halten. Er jedenfalls habe genug von solchen Aus- und Anfällen. Sprachs und ging seiner Wege, setzte sich in die Pergola, die sonnendurchtränkte und glutbeschienene, lauschte den flügelschlagenden Merlen, erfreute sich seines Herzens und kurz später auch neuer Formen, die sich ihm zur Seite gesellt hatten.

Der Vorhang, scheusslich in seiner Farbe, ward geschlossen, fest zugezogen, die Lichter wurden gelöscht; nunmehr beleuchteten grosse und helle Kerzen die Brokatwände und die zahlreichen barockhaften Portraits ehemaliger Gäste, die mittlerweile in B., C. oder gar D. weilten. Mit einer Furcht erregenden Gebärde trat ein Schatten hinter den Vorhang, nur als Schemen erkennbar. Drohende Gestik unterstrich noch seine Grauen erregende Schattengestalt. „Oh, Hoffmann", flüsterte eine leise, zarte Frauenstimme, die der einsetzenden - freilich gespielten – Ohnmacht zu weichen hatte. Wasser wurde gesprüht, sanft, Riechfläschchen gereicht und unter die feine Nase gehalten. Die Dame wurde wieder, sie war wieder unter den Weilenden, wie man so schön zu sagen pflegt.

„Am Anfang war nicht das Wort, am Anfang war nicht der Logos, am Anfang war nicht Gott, am Anfang war auch nicht der Mensch! Am Anfang" – ein leises Zischen liess sich bei einigen Zuhörerinnen und Zuhörern vernehmen! – „war der Knall! Der Urknall! Der Urschrei der sich gebärenden Natur! Der Urschrei der Befreiung. Diesen Urschrei der Befreiung haben in der gesamten Menschheitsgeschichte, die ein einziges Paradies ist, immer wieder Völker mit ihren Waffen, Schwertern und Schildern erklingen lassen. Schwert auf Schwert, Schwert auf Schild, Schild auf Helm, Schwert auf Helm, Schwert auf Rüstung, Morgenstern auf Kettenhemd, Panzerfäuste auf Panzer, abstürzende Flugzeuge auf Häuser – ein unendlicher Urschrei nach menschlicher Freiheit, der seinen Schrei bis heute hat halten können. Mit immer neuen Mitteln. Und diese Freiheit wurde uns gebracht, im Licht der fortschrittlichen und fortschreitenden Menschheit!"

Wütende, gar heulende Proteste unterbrachen den geheimnisvollen Redner, der noch immer wie ein Schemen hinter dem schweren Vorhang stand. Zahlreiche Gäste fanden ihren Wurfweg zum Vorhang, exclusive Früchte nahmen ihren fremdbestimmten Flugweg auf – allein, die Stoffwand hielt jeglichem Geschosse stand, ward nicht zu einem Risse zu bewegen.
„Sie wüten, meine Herrschaften. Schön! Und wohl bekomms! Sie werden gewiss verstehen, wenn ich meine Ausführungen nun in ihrer Darlegung, ihrer sinnvollen und unwiderlegbaren inneren Logik weiter darlege. Und Sie werden, meine Damenschaften, glasklar erkennen, wie Recht ich habe – und wie Unrecht Sie haben. Aber: Erkenntnis ist der Weg zur Aktivität – und zur Passivität. Erinnern Sie sich an die Ausführungen des verehrten Kollegen. Die Menschheit, eine Symphonie von Freiheitssehnsucht. Der Zweck heiligt die Mittel, sprachen so Ihre Vor- und meine Nachgänger. Gängerinnen sind bei diesen Themata doch äusserst selten vorzufinden. Alle Wege führen zum endlichen und auch unendlichen Menschenfrieden. Opfer werden zu beklagen sein, und waren doch schon immer zu beklagen. Machen Sie sich nichts vor, meine Schaften. Wer sonst denn hat Ihnen Ihre Frei-

heit, hier in diesem und an diesem Orte sich zu erquicken, ermöglicht?
Wohl Ihre freiheitlichen und freiheitlich denkenden Vorfahren. Um
die Nachfahren brauchen Sie sich nicht zu kümmern.
Gestatten Sie mir ein kleines, gewiss aber einleuchtendes Beispiel.
Der verlorene Sohn. Er kam zurück, wurde freundlichst empfangen,
das Kalb lief wie der Teufel davon, wohl wissend um seinen ihm
drohenden Schlachttod. Es kam freilich zurück, zu jeglichen Opfer
bereit. Aber der Sohn nun, der freundlich Aufgenommene, war es
schliesslich, der die Freiheit der kommenden Generationen ermöglichte; und was tat er folglich? Er liess sich schlachten. Wohl dem Helden,
wohl bekomms den Mitessern."

Die nächsten 23 Redeminuten gingen unter im Geheule und wahrlich
auch Gekreische der Anwesenden. Die AA's freilich lächelten gemeinsam und still vor sich hin und erfreuten sich des Kinderaufstandes.

„Zum letzten Satz: Kämpfen Sie gegen alle, homo homini lupus, und
Sie werden unumstösslich sehen, wie die kommenden Generationen in
Freiheit leben werden, weil Sie den Urschrei der Natur und der Freiheit und der Menschheit weiter geführt, weiter gelebt, ja weiter geschrien haben."

Unauffindbar war der Redner. Getuschelt wurde. Hypothesen standen
unter dem Druck dauernder Diskussionen. Alle Anstrengungen jedoch
waren vergeblich, kein Lohn, kein Finden, kein Resultat war ihnen
beschieden. Ein Schemen hatte gesprochen, ein Schemen war weg,
zurück blieb das Grauen.

*Das war eine Höllengaudi. Jeder von uns konnte sich so richtig austoben. Geschockte gab es überviele. Einige jedoch versuchten sich in
komischer Aufgeschlossenheit. Andere gar in Fortschritt. Einzelne im
Schreien. Reaktionäre freilich sind und waren aber doch alle. Wie es
heute halt so ist. Sagt einer die Wahrheit, so muss er damit rechnen,
geköpft, geviertelt, gerädert oder verbrannt zu werden. Ich zöge das
Geköpftwerden vor. Aus rein technischen Gründen.*
*Sie, blättern Sie nach, und Sie werden sehen, dass ich Recht hatte und
auch weiterhin Recht haben werde. Sie werden sehen. Vertrauen Sie
mir. Ich werde Sie nicht enttäuschen. Niemals. Auf ein Neues also?*

Unser geliebter, verehrter Herr Oberarzt. Seines Zeichens Seelendoktor. Seine Augen verschwanden unter seinen buschigen und dichten

Augenbrauen. Eher noch: die buschigen Brauen, die er sich nie zu schneiden pflegte, verdeckten wahrlich seine Augen, die somit unsichtbar blieben. Gut für ihn und gut vor allem für uns. Seine Augen, wenn sie nun einmal zu sehen sind, sind hart, kalt, ja eiskalt. Und unberechenbar. Man glaubt, kriegt man den Seelendoktor zu Gesicht, einen Menschen, einen Mann ohne Augen vor sich zu haben. Die Brauen, buschig, schwarz-grau meliert.
Ein Mensch ohne Augen. Furcht einflössend. Nicht allen, den meisten nur. Ihm bewusst. Und unserem Denker machen die abwesenden Augen, wie er sich auszudrücken pflegt, keinen Eindruck, geschweige denn gar Angst. Nichts. Der Blinde, der sieht, heisst er nur in seiner klaren und einsichtigen Sprache. Hat ein Mensch keine Augen, so hat er kein Herz. Folglich lebt er nicht, zeigt auch keine Gefühle, nach innen und nach aussen. So einfach ist das! Und so wahr doch auch! Eine eindrückliche Figur. Gross, kräftig, leicht angedickt, muskulös. Nur seine Stimme freilich ist, als ob sie nicht zu seiner Statur passte. Leise, beinahe weichlich, ja gar weiblich hin und wieder. Hat er nun wohl aus diesen Gründen dieses autoritären Beruf gewählt? Muss er sich, der Seelenkrüppel, hinter seinen Brauen verstecken, hinter seiner sogenannten Wissenschaftlichkeit?
Seine Haare, eher sein Haarschmuck: grau, weiss, schwarz meliert. Eine wilde, gepflegte Mähne. Und jeden Tag aufs beste gekämmt. Das Äussere scheint unserem Seelendoktor sehr am Herzen zu liegen. Also doch Gefühle? Das Äussere ist ihm wohl entscheidend. Aber ich sehe ihn, allein in seiner Wissenschaft sitzend, vor sich hin denkend, seiner selbst unsicher, sich selbst beinahe nicht geheuer. Es ist, als ob er in diesen Momenten sich seiner Augen befreite, ihnen Leben gäbe, aus ihrem Bauerngefängnis sie heraus liesse. Er ist sprachunfähig, kann in kein Gespräch mit sich selbst eintreten. Ein Wortkrüppel, sozusagen. Nicht so für seine

Krüppelpatienten. Da helfen auch keine teuren Kleider, auch nicht seine zahllosen Karteikarten, seine Elektroschocks, die er als Gewaltmittel einsetzt, tritt ihm ein Mensch zu nahe, sieht ihm ein Menschen zwischen seine Augenbrauen, folglich in seine Augen.
Kein Mensch, der Vertrauen einflösst, einflössen kann. Seine ganze Gestalt – abgesehen von seiner Erscheinung (welch' ein Unterschied!? – wirkt mumienhaft, fern alles Menschlichen. Nicht im Weitesten einmal mit Karneval in Verbindung zu bringen, zu treten. Sein Habitus, seine Gestik, seine tote Mimik verraten einen Menschen, der sich seine eigene Maske angebaut und aufgebaut hat, der sich hinter sich selbst versteckt, auf der permanenten Flucht vor sich selbst. Tag für Tag, immer. Ein Mensch, der nicht einmal mehr Mitleid zu erregen vermag, da er menschlos in seiner leeren Hülle lebt. Ein Typ seiner Wissenschaft. Ein Arzt, der doch selbst eines Arztes bedürfte. Dem es an jeglicher Menschlichkeit, an jeglichem Menschsein gebricht, der aber seinerseits sich Menschen zu heilen vorgenommen hat, als seinen eigenen Beruf, als seine ihm eigene Berufung. Kein seltenes Beispiel der Modernität, der leer-hohlen Wissenschaftlichkeit. Wäre nur ein Schimmer von Wissenschaft und Wissenschaftlichkeit zu entdecken!
Seine Augen, sie sind nicht vorhanden. Striche in einem Gesicht, bar jeglichen Lebens. Bar jeglichen unberechenbaren und berechenbaren Minenspiels. Kontrolle. Kein Entgleisen. Kein Entgleiten. Nur Berechnung.
Seine Haut ist eher grau, von kleinen dunkelrot-bläulich gefärbten Äderchen durchsetzt. Auch in diesen feinsten Lebensstrichen regt sich kein Hauch von Menschlichkeit; kein Pulsieren ist zu erkennen oder zu erfühlen, äusserlich. Leer wie seine Augen ist seine Haut. Ich komme zum Gedanken, dass auch diese Äderchen keinen Zweck, keinen eigentlichen Sinn erfüllen oder gar haben. Sie sind da, wie ge-

malt. Auf eine Leinwand, die ein Auftragswerk irgend eines Grossbürgers sein soll. Leblose Haut, abziehbar wie ein Bild, in Wasser getaucht. Keine einzige Zelle, die Leben birgt, ist erkennbar. Tote Materie, aneinander gereiht, zeigt sich dem einzelnen Betrachter. Auch der Spiegel als solcher würde ihm keine andere Antwort geben, stellte er sich nur die Frage, wer oder was eigentlich aus dem Spiegel ihm entgegen blickt, entgegen lebt.
Konkurrenz für die Figuren aus dem Wachsfigurenkabinett.
Der Haaransatz ist hoch, er lässt eine Stirne frei werden, auf die kein Leben eingeschrieben ist. Haut, die kein Leben ausstrahlt. Haut, die den lebenden und lebendigen Tod vorzeigt. Sinnlos, nutzlos, gewinnlos.
Die Wangen sind hohl, leer, muskellos. So, als ob sie an irgend welchen Befestigungen, unsichtbar den Betrachtern, hingen. Nicht schlaff eigentlich, eher gehalten von einer Kraft, die abwesend ist, die sich nicht zeigt, die im Verborgenen hält und lebt, in keiner Bewegung seiend. Eine Kraft, die von aussen zu halten scheint, was sie von innen zu halten vermag. Eine unnütze Kraft, eine wahrlich kräftemässige Verschwendung der übervollen Natur. Einer Natur, die oft so schwer zu verstehen ist, einer Natur, die sinnlos, bar jeglichen Sinns erscheint, betrachten wir denn die Umwelt, die Menschen, die uns umgeben, mit denen wir leben, durch die wir unsere Lebenskraft gewinnen. Selten nur zeigen diese Wangen, dass verborgenes Leben in ihnen steckt. In Momenten, da unser Seelendoktor gezwungen ist, sich zu erklären, sich erklären zu müssen. Ein Vibrieren geht durch die abwesenden Muskeln der Wangen, ein Straffen zeigt sich. Es ist, als ob sich Haut zusammenzöge. Die Vibrationen laufen aus in das Kinn, das eckig in die Welt zu schauen scheint. Kantig, gerade, hart und scharf geschnitten. Einziger Fixpunkt in einem Gesicht, das niemals zu leben scheint. Trotz

der Welt! Der umgebenden Welt! Den Kräften der Aussenwelt entgegen treten. Keinen Widerstand bieten. Genauer: keinen Widerstand aufkommen lassen, selbst Widerstand sein. Dem Leben widerstehen. Das eigene Leben in sich selbst zurückziehen. Keinem und niemandem Eigenleben gönnen.
Die Frage: wie kann ein solches Gesicht, eine leblose Masse und Maske, Verantwortung tragen, wie kann einer solchen leblosen Masse und Maske überhaupt Verantwortung übertragen werden? Wer sind die Verantwortlichen dieser Verantwortungslosigkeit?! Sind nicht wir, die? Ein jeder geschaffen von uns. Der erteilte Schlag kehrt zurück. Er lässt uns uns spüren in unseren Fehlern. Wir werden sein, der Schlag, den wir geschaffen haben.
Keine Wahlverwandtschaften. Keine Nähe zu einem Menschen. Kein Neben-Leben zu einem Neben, zu einem Leben.
Nicht einmal Introvertiertheit! Keine Vertiertheit!
Leben ohne Leben! Eine Existenz, die sich auszeichnet dadurch, dass sie nicht existiert.
Ein jedes Gesicht ist der Spiegel, in dem du dich siehst! Lies in den Gesichtern der anderen, und du wirst dich sehen, dich entdecken, dir selbst Leben eingeben. Leben einhauchen.
Der steinerne Gast ist nicht fern, er ist nahe, sehen wir den Seelendoktor. Da, endlich, eine Wahlverwandtschaft, eine ungewollte. Für uns, die von aussen, ist es eine Verwandtschaft. Er, selbst redend, würde sich wehren gegen eine solche Bezeichnung. Er ist er, und kein anderer. Nur er selbst, ausser ihm nur er, kein zweiter, kein dritter gar.
Gesichtswechsel, Leben versprechend – er ist fern, solange er er ist. Nichts ferner von ihm als wir, als du, als ich. Welt ist fern. Keine Nähe.
Er hat, der Unsere, Abschied genommen von sich selbst. Schon lange, endgültig und auch uner-

bittlich. Seit er sich uns verschrieben hat. Sein Ende, unser mögliches Ende.
Zähne sind traumträchtig. Soferne sie da sind, oder eben nicht. Seine Zähne laden keine Träume ein, im Gegenteil. Sie verscheuchen.
Ein Gesicht, wie es selten uns vor Augen tritt. Blass, ohne Leben, mit Adern belegt und durchsetzt, ohne Lebensadern freilich. Ein Gesicht, nichtssagend, zerstörend – nein: zerstörenwollend. Erfolglos, dies seine Niederlage. Auf der Suche nach einem endgültigen Gesicht, einem Gesicht, das einem Menschen Leben verleiht. Ein Gesicht, das ihm ihn gibt.
Hier: eine Maske, abziehbar, austauschbar gegen eine bessere Maske, gegen eine jegliche Maske, gegen eine Maske, die sich dehnt, die spricht, die allegorisiert, die symbolisiert.
Der Unterschied zum Grossen Bruder. Jener, unsichtbar, dieser zu jeder Tageszeit präsent. Dieser der Gewalt von Patienten unterworfen, jener nur sich selbst. Dort der grosse Abwesende, hier der tot Anwesende.
Gespräche sind alles andere als leicht zu führen. Gespräche mit einem augenlosen Gesicht, mit einer Hülle, der jegliches Lebenszeichen abgeht. Einer Hülle, die freilich funktioniert – oh ja ! - die funktioniert nach der tradierten Schulpsychiatrie. Einmal fest. Grenzenloses Vertrauen in sich und das Gelernte. Unbesiegbar. Rezeptscheine als Drohmittel. Selten nur lässt sich unser Doktor zu verbalen Drohungen hinreissen. Kaum droht er mit Methoden, die eher dem sogenannten dunklen Mittelalter zugerechnet werden denn der modernen Psychiatrie zugeschrieben werden könnten. Inhumanität im Gewande der Humanität, ja der Humanisierung des Humanen schlechthin. Oder anders: Der Dienst des Menschen am Menschen zu dessen Menschwerdung ist gleich zu setzen der Drohung des Menschen, den Menschen, kraft seines Menschseins, zu entmenschlichen.
So einfach ist das!

Der Vorschein ist da, in der Figur des Doktors. Rezeptblöcke und Rezeptblöckchen sind Mittel des Humanen. Der humane Dienst hat ein ungleich menschlicheres Antlitz.

Seine Bewegungen sind elegant, mit der Tendenz freilich zur Schwerfälligkeit, erfüllt aber vom Glauben an sich selbst. Der Umgang mit Frauen, die nicht unsere Gefährtinnen sind, ist charmant. Als ob sein augenloses Gesicht Augen bekäme, von der Natur so plötzlich geschenkt. Ein Leuchten geht von den Sehschlitzen aus. Geistesblitze durchzucken die Hülle, er wird Mensch. In diesen Momenten des Lichtes sollte er sich, dem gesichtslosen Menschen, unterworfen werden. Eine Unterwerfung unter sich selbst. Erfahre dich im anderen! Für ihn freilich gälte: erfahre dich, Sehender, in dir, dem maskenhaften Wesen, augenlos.

5. Kapitel

Einen seiner wahrlich grössten Triumphe feierte Adolf am Schweizerischen Nationalfeiertag. Der 1. August bringt es in aller Regel mit sich, dass gute und vor allem besonders gute Eidgenossen, nicht Eidgenossinnen, eine, meist unfreie Rede halten, deren Ende in euphorischen Beschwörungen des helvetischen Seins und des helvetischen Gedankenguts endet. So zum Beispiel:
„Eidgenossen, bleibt freie Zeitgenossen!" Usw.
Bei und anlässlich dieser Reden werden meist auch zahlreiche Feuerwerkskörper gezündet; Raketen fliegen in den befreiten helvetischen Himmel, zu den Höhenfeuern, die allenthalben auf den Bergen entzündet worden sind. Knallerbsen, Kracher belästigen feine Ohren – und auch andere Körper sorgen für eine seltene akustische Ambience; die es eben nur zum 1. August zu erleben gibt. Vulkane vergiessen Silber- und Goldtränen, Sonnen schwirren und verbreiten Strahlen einzigartiger Schönheit, die nicht selten in beizenden Rauch eingehüllt sind.
Ästheten erfreuen sich nicht selten der Farbenpracht; für Nasenfreunde, also die olfaktorischen Ästheten, freilich ist dieser Feiertag eher ein Leidenstag, wenn nicht gar ein arger Graus.
Adolf, um nun doch auf die Hauptperson des besagten 1. Augustes zurück zu kommen, war in seinem Elemente. Bei jedem Kracher, selten waren auch einzeln Kanonendonner zu hören, leuchteten seine Augen auf, glänzten, schossen Strahlen des Glücks. Erschüttert flüsterte er zuweilen „Stalingrad", „Wolgograd", „Kiew".

Später kam nun tatsächlich ein waschechter Helvetier, in F. wohnend und seine Reden konzipierend, und legte mit einem Male patriotisch derart los, dass der gute Adolf seine Tränen der Freude nicht mehr zurückzuhalten vermochte. Haltlos schluchzte er, vergraben in seinem tiefen Ohrensessel. Seine Hunde, die bis anhin bei jedem Knall, wie geartet er auch immer war, lauthals und lautkehlig gebellt hatten, jaulten nunmehr leise, als sie ihren Herrn sich in Tränen förmlich sich auflösen sahen. Adolfs Hand war ihnen Trost, ihnen, den sensiblen Tierchen.
Während der Rede des feinen Patrioten, kritische Augen- und Ohrenzeugen sprachen hingegen von chauvinistischen Ausfällen, war Adolf einem Fussballanhänger zum Verwechseln ähnlich geworden. Eine erstaunliche äusserliche Wandlung. Bei jedem feindlichen Wort gegen Ausländer jeglicher Nation pfiff er, benahm sich so, als ob ein Spieler der eigenen Mannschaft gefoult worden wäre. Er brüllte, pfiff durch die Finger, schalt den nicht vorhandenen Schiedsrichter einen Igno-

ranten, lauthals, ohne seine Stimme freilich zu gebrauchen, brüllte er zur Rednertribüne hin.
Nicht hatte er bemerkt, dass er der einzige Folger dieser chauvinistischen Darlegungen und Ausfälle war. Erst als der Redner erschöpft geendigt hatte, merkte Adolf, dass er als einziger applaudierte; und so verstärkte er das Händeklatschen um ein Vielfaches, auf dass der Redner sich der Illusion hingäbe, vor einem breiteren Publikum gesprochen zu haben. Wohl dachte Adolf im ersten Moment, seiner inneren Regung zu folgen und die anderen Zuhörer mit beleidigenden Worten darauf hinzuweisen, dass auch sie nun zu applaudieren hätten, gefälligst. Er wollte sich an Eva wenden, merkte dann aber schnell, dass weder sie noch sonst ein Gast oder eine Gästin anwesend war. Einen Augenblick nur zeigte seine rotgeschwitzte Front einen Hauch von Unsicherheit, dann aber erglühten seine Augen wieder und er warf Dutzende von Bravorufen dem Redner zu, der seinerseits nun auch glücklich lächelte. Man hätte ihn für einen Blinden halten können. Nur Adolf hörte er und „bravo, bravo". Ihm, dem Redner, genügte dies ganz offensichtlich zur Bestätigung seiner allzu langen Ausführungen. Und Ausfällen.
Die gesamte Rede – sie hatte beinahe castroeske Ausmasse angenommen, hatte gut und gerne den Umfang von drei Stunden erreicht – verbrachte die glutwangige Eva bei Nero. Die dauernden Explosionen von Raketen, Krachern und anderem Lärmzeug liessen sie einerseits hin und wieder erschauern, dann ihre Empfindungen, andererseits, höher schlagen und verhindern, dass man ihre – mann ! – Liebesäusserungen, die gewiss vielfältig waren, jedwelcher Art ausserhalb ihrer Koje hören konnte. Für die Koordination von äusseren und inneren Lauten war Nero, der unersättliche, zuständig. Und er war unersättlich. Und je unersättlicher er wurde, desto höhere Tonlagen erklommen Evas Jauchzer. Neu war der Sinnestaumel für sie. Und dazu benötigte sie – noch – nicht die Kofferinhalte des Berüchtigten. Sie fühlte sich gerissen, getragen, gestossen, gedrängt, geworfen. (Ja, Martin, wir wissen.) Einer Hydra glich Nero, und sie fühlte hin und wieder beinahe ihre Sinne schwinden. Und gerade wieder bei vollen Sinnen nahm sie diese Erfahrungen als Ansporn für neue Gipfelbesteigungen, und wünschte sich im Stillen, eine Verwandte des armen Sisyphus zu sein, jedoch mit dem Unterschied, dass sie keinen Stein zu rollen hatte, sondern vielmehr selbst die Berge erklomm, um kurz vor dem Gipfel wieder abzusteigen, um immer wieder neue Anläufe nehmen zu können. Erstaunt war sie über ihre eigenen Kräfte, sie erfreute sich ihrer zunehmend.

Als Nero einmal zaghaft um eine kleine Verschnaufpause bat, warf sie sich mit aller Kraft auf ihn, einer Militaryreiterin gleichend, die ihr Pferd über höchste Hindernisse zu jagen sich anschickte. Dieser Kraft nun war der Unersättliche nicht gewachsen und gab sich ihr hin, wohl oder übel, willig hin. Evas Locken flogen förmlich, die Hügel auf den Hügeln lugten keck in die vorbei gleitende Landschaft. Und Hügel und Hügel bebten, indes der Unersättliche beinahe verzweifelt versuchte, den Hügeln auf den Hügeln eine beruhigende und festigende Hand zu reichen.

Während dieser Kraftakte beiderseits sprach Nero nur von der Römischen Republik. So stark, wie ich bin, muss auch meine Republik werden. Nur kümmerte sich Eva nicht um solche Verbalien. Wäre ich Rom und du die sieben Hügel! Wären alle Römer so stark und ausdauernd wie ich, hätten alle Römer die Hügel in der festen Hand, niemand könnte mein Imperium auch nur antasten. Keinen Schaden ihm zufügen.

Und im Stillen dachte er sich, dass Sokrates eben doch nur ein Theoretiker war, er hingegen ein abgebrühter und ausdauernder Praktiker, ein Tatmensch.

Bei einem der letzten Hindernisse ihres Rittes, das besonders tückisch war, packte der Unersättliche so heftig zu, auf dass er seine Reiterin nicht verlöre, dass diese laut aufschrie, die Phonstärke des gleichzeitig detonierenden Krachers noch übertönend. Das Ziel nahte, sie erreichten es, überflogen die Ziellinie, um beide, Ross und Reiterin, erschöpft stehen zu bleiben, Schweiss überströmt und mit zitternden Lenden.

Der 1. August löste sich langsam auf in den 2. August. Der hergereiste Redner hatte geendigt, verliess erschöpft die Tribüne, nach allen Seiten grüssend und lächelnd. Adolf fühlte eine seltsame, seltene und doch glückliche Woge der Erschöpfung. Lange schon waren seine Hunde eingeschlafen. Der Reihe nach weckte er sie zart und ging mit ihnen nach oben in sein Zimmer. Er beschloss, seine Erlebnisse des 1. Augustes – die Schweizer sind doch die wahren Patrioten! – aufzuschreiben. Seine Landsleute würden sich wundern und den Helvetiern nacheifern. Leichtes Spiel hätte er!

Durchglüht war Adolf von verwirrlichen Heimatgefühlen – in der Fremde. Und so bemerkte er Evas Abwesenheit nicht; er schien nichts mehr wahr zu nehmen ausser solchen Dingen, die mit dem erlebten 1. August in Zusammenhang standen. Seeliges Lächeln zeigte sein Gesicht und behielt es, als er schon lange eingeschlafen war. Sein Schnurrbart beschrieb ob der Freude eine kleine Aufwärtsbewegung!

Und doch kamen einzelne Utensilien des Berüchtigten bei Eva zur Anwendung. Nero liess es sich nicht nehmen, sich in einem offenen einachsigen Wagen von ihr durch seinen Salon ziehen zu lassen. Welch stattliche Stute zog ihn!

Auch an den beiden AA's war der 1. August erstaunlicherweise nicht spurlos vorbei gegangen. Beide waren sie überrascht vom helvetischen Verteidigungswillen. Wohl waren sie der Rede des angereisten Chauvinisten nicht gefolgt; der Rundfunk freilich hatte am Abend gewiss ein halbes Dutzend glühender Reden übertragen. Alexander verstieg sich darob gar zur kühnen Auffassung, ein Krieg gegen das wehrhafte Volk der allzeit kriegsbereiten Helvetier sei unmöglich zu gewinnen (gewesen), falls. Mann und Tal, Berg und Mann, eine einmalige Kombination.

„Die Taktik, die Taktik", lachte sich Andreas ins Fäustchen. „Wir hätten sie schon besiegt." „Aber die Mittel, mein Lieber", echauffierte sich Alexander. „Wir haben die legalen Mittel, ihr die illegalen." Ohne es beabsichtigt zu haben, hatte Alexander den Lieblingsdiskussionspunkt von Andreas erwähnt. „Legalität –Illegalität. Begriffe, die Ihr Staatsmänner geprägt habt, um eure Illegalität in Legalität zu verwandeln. Terror wird legitimiert, gar legalisiert. Ihr Staatsmänner, Ihr Staatsmänner wart schon immer illegal; gut. Ihr habt euch wählen lassen, die Menschen waren als Wähler so dumm. Aber nach jeder Wahl habt ihr mit neuen Gesetzen die Bevölkerung, verzeih' mir, verarscht, im Namen der Legalität und im Namen des Guten für das Gemeinwohl. Wir hingegen, wir Illegalen, haben dem Volk tatsächlich dienen wollen und es eigentlich auch getan". „Mein lieber Andreas", Alexander hatte sein bislang amüsiertes gegen ein nunmehr leicht hässliches Lächeln sozusagen eingetauscht, „mein lieber Andreas. Meine Erfahrungen, als nicht korrupter und niemals korrumpierbarer Politiker (hier konnte sich Andreas doch nicht enthalten, in sein so sympathisches und fröhliches Jungenlachen auszubrechen) haben mich gelehrt, zwischen Illegalität und Legalität zu unterscheiden, genau zu unterscheiden. Sag bitte: wollte denn das westdeutsche Volk etwa etwas von euch, euch Legalen, wie du zu sagen beliebst? Natürlich nichts, weil ihr ja auch illegal seid, Verbrecher seid, Bombenschmeisser." „Also, was nun Bomben anbelangt, mein lieber Haig (die Erwähnung des Namens Haig liess auf Andreas' Erregung und Verärgerung schliessen, was auch Alexander wohl bekannt war), Bomben hast du auch geschmissen, und noch viel mehr als wir. Ausserdem in einem Land, das dich nun rein gar nichts anging. Und keinen von euch etwas anging. Dir hat es einfach Spass gemacht, diese Teufelsdinger abzuwerfen. Soviel zu den Bomben. Was die Unterstüt-

zung des Volkes anbelangt: Ihr Staatsmänner – Staatsfrauen gibt es ja kaum, ein Verrat mehr am Volk, merk' dir das ein für alle Mal! – gebt euch ja auch den ganzen Tag die allergrösste Mühe, eure Verbrechen zu legitimieren und zu legalisieren, und sie dann in den Dienst der Menschlichkeit zu stellen. Schau dir doch den Adolf an: Der hat auch Krieg gespielt, im Namen der deutschen Menschen und der deutschen Menschheit. Alles legal, alles legal." Andreas hatte vor Aufregung einen roten Kopf bekommen. Seine Augen funkelten. Stefan George, der einen kurzen Augenblick würdig Anteilnahme geheuchelt hatte – vom Bild herab -, zog eine Miene des Abscheus und flüchtete sich zu seinen Jüngern, den reinen, verehrerischen. Politik. Igittitt. Wo bleibt meine, ja meine Poesei!
„Du machst mir nichts vor da, Haig. Ihr betrügt! Und ihr könnt betrügen, weil ihr das Volk, jedes Volk, das ihr zivilisiert habt, so kaputt gemacht habt, dass jeder Mensch euch Legalen, euch Legalisierten, glaubt. Hätten wir, die Illegalen, aber Legitimen, Unrecht gehabt, hättet ihr doch nicht eine so grosse Jagd auf uns veranstaltet und veranstalten können." Alexander unternahm noch einige, freilich schon recht schwache Versuche, seine Position zu retten. Er musste sich aber nach wenigen Wortgefechten, die nurmehr Plänkeleien waren, geschlagen geben. Eine Runde für Andreas!

Allenthalben heftige Diskussionen. Und noch während diese eben so heftig hin- und herschwankten, war der schöne Rainer Maria eingetaucht, tatsächlich in die Niederungen. Lautlos hatte er die Türflügel geöffnet; eigentlich waren es doch eher die Türflügel, die sich ihm leise, zur Seite schwenkend, geöffnet hatten. Akkurat gekleidet wie immer, die Augen gross und traurig, der Schnurrbart glänzend, einem kleinen hängenden Garten freilich gleichend. Böse Zungen wollten von ihrer Behauptung nicht lassen, dass sich der Rainer sogar seine zahlreichen Schlipse jeden Morgen aufbügeln liess. Doch sind diese bösen Zungen allzu böse. Dunkler Anzug, blütenweisses Hemd, ein Geschenk von Lou, der Schlips auf den Millimeter genau gebunden, die Hemdmanschetten schauten, wie es sich für einen solchen Poeten geziemte, eineinhalb Centimeter (auf das „C" legte Rainer aller grössten Wert!) unter dem Jackett hervor. Die grossen – schönen, wie man sagt, und wie gesagt – Augen weit offen, eine Spur Koks erkennen lassend, die vollen Lippen kaum aber eben doch etwas geöffnet. Die Haare sorgfältigst gelegt. Und sein Blick so traurig, wie sein Schnurrbart präzise gekräuselt war. Das also war der schöne und einmalige Rainer. (O-Ton Lou, die es ja wissen musste!) „Wo sind meine Engel, die schrecklich, wo mein Orpheus?" Seine Stimme erfüllte klangvoll und klagevoll den hohen Raum. Ängstlich, wie jeder unsichere Homo

– aber, aber, Diogenes! – liess Rainer seine Augen schweifen. Lou, das schöne Gesicht voller Stolz vor sich her tragend und jedem Beobachter Preis gebend, doch mit zwei winzigen Sorgenfalten auf der ansonsten makellosen und oft beneideten Stirn, erwartete ihn lächelnd. „Hast du gedichtet, mein Engel, mein Häschen?" „Wie kann man hier nur dichten", klang Rilkes Elegie. „Meine göttlich Lou!" „Aber doch nicht vor so vielen banausischen Menschen, mein Rainerchen." Rainer, schon auf Knien vor seiner schönen Geldgeberin, verfiel in nervöses Schluchzen; gekauert blieb er längere Zeit, vor seiner Angebeten harrend. Plötzlich, mit einem wahren Engel-Aufschrei, stürzte er von dannen, um einen halben Elegievers zu schreiben, niederzuschreiben auf Büttenpapier, den er am späten Abend dem erlauchten Publikum mit Tremolo-Stimme vorzutragen geneigt war. Bis zum heutigen Tage hat Rilke zahlreiche Sanatoriumsgäste von seiner einmaligen Genialität überzeugen können; mangels Konkurrenz, meinten einige wenige böse Zungen, die halt auch bei Rainer ihre Zunge nicht im Zaume zu halten vermochten und konnten. Es war dies auch Alexander, der, vor Jahren, so schmählich sich zu äussern erdreistet hatte. Lou damals war aufgesprungen, einer Megäre nicht unähnlich, hochrot, blitzenden Auges, mit zwei blitzenden Augen, feurigen Augen gar und hatte ihm direkt ins Gesicht geschrien, dass er, Alexander Haig, als alte Kriegsgurgel von Poesie nun so gut wie gar nichts verstünde. Das Handwerk eines Poeten, zumal des Rilke'schen, sei so extrem sensibel und gefährdet, da könne er als verloren habender Kriegsheld allemal nicht mithalten. Haig meinte damals nur – mit dem Beifall von Andreas und anderen Gästinnen -, dass auch Vietnam, der Dschungelkrieg romantisch gewesen sei. Bäume, Lianen, das Donnern der unsichtbaren Kanonen, die Toten, die Affen, die in panischer Angst von Baum zu Baum gesprungen seien, die Giftschlangen usw. hätten ein einmaliges romantisches Gemälde abgegeben; und dies Bild habe er im Kopfe, da käme auch ein Rainer nicht mit. Wie Dantes Inferno, beeilte er sich anzufügen, um seine etwas einseitige Bildungen um einen Hauch aufzupolieren. Doch, jedoch: Lou liess sich nicht im geringsten beeindrucken, gar beirren. Rainer weinte haltlos – und lautlos, wie er es so oft zu tun pflegte. Und dies genügte ihr, die Ignoranz eines Haig festzustellen, zu analysieren und dann, folgerichtig, zu verurteilen, wortreich. Aber der Krieg, so wagte Alexander doch anzufügen, sei doch eine Symphonie von Verwesungsgerüchen. „Plagiator!" Damit war auch Alexanders Einwand „Und auch das hat ein Poet gesagt!" vom Tische. Ohne Triumph. Daraufhin hatte Rainer, nun doch einmal laut aufheulend, den Salon verlassen, Lou erbleicht zurück lassend.

Voller Erzücken hatte Andreas seinem Kumpel und Kumpanen auf die Schulter geklopft. Lou hingegen rauschte aus dem Salon; Taft raschelte; und ward Tage nicht mehr gesehen. Eine Bedienstete flüsterte den beiden AA's, dass Lou Tage lang im Valiumrausch gelegen habe, um sich von der Beleidigung der Poesie und vor allem Rainers zu erholen. Auch Francesco hatte sie nicht trösten können. Lou hatte sein Trostangebote etwas gar wörtlich nehmen wollen, wodurch der arme Vogelexperte erschreckt aus ihrem Zimmer geflohen war, ihren gierigen Händen entfleuchend, um wieder zur inneren Ruhe zu finden. Wie hätte er auch ein kleines, noch so kleines Abenteuer verkraften können – und vor allem verantworten können, vor seinen Vögeln. Die Taube ist doch ein Symbol des Friedens, und fleischliche Kontakte sind, seine Worte!, immer Kämpfe, und was für Kämpfe.

Nur Jeanne liess sich so schnell nicht abwimmeln, von der grossäugigen Lou. Dennoch: Nach Tagen vergeblicher feministischer Bemühungen musste sie ihr Tun und gewolltes Wirken als unfruchtbar einsehen, und folglich stellte sie ihre Bemühungen, deren erwünschter Realisierung sie ihre ganze Kraft gewidmet hatte, ein. Lou war nicht zu bekehren. Als dann, zudem, Rainer noch zu ihren Füssen lag, sie anschmachtend, fand sie ihre innere poetische Ruhe wieder, nicht wissend, was sie selbst mit diesem Begriffe zu meinen hatte. Welch' ein Entzücken, als Rainer ihre Nasenspitze küsste, eher küssend anhauchte, sie mit seinem gepflegten Schnurrbart ein klein wenig unter der Nasenspitze tickelnd! Schauer um Schauer rieselt ihr über den Rücken. Jeanne bemerkte dies und ward noch sprachloser. Was musste erst auf und mit Lous Rücken geschehen, wenn da wirklich einmal ein wirklicher Mann wirklich männlich zupackte! Da müssen wohl Erdbeben sich ereignen, denen eine Richterskala nicht mehr gewachsen sein würde.

Alexander, für einmal um einen Ausgleich tatsächlich auch besorgt, versuchte, mit Rainer noch einmal ins poetische Gespräch zu kommen. Er schätze ja, so seine gewählten wörtlichen Ausführungen, Gedichte, meinte Haig, aber gerade Rilkes „Ergüsse" seien doch „Einhorngedichte", das heisst, und schon da hätte er bemerken müssen, wie tief verletzt Rainer allein durch die beiden zitierten Begriffe war!, undialektisch in ihrer Form und vor allem in ihrer Aussage. Rilke, weiss nun wie ein Bettlaken, noch kannte man in A. bunte Bettwäsche nicht, erklärte Alexander dann in den darauf folgenden Stunden, mit zitternden Lippen und glühenden Augen – nie warst du so schön, meine Lou! – und einigen vergossenen Tränen, dass Poesie niemals marxistisch sei und sein konnte, von wegen Dialektik. Poesie sei Poesie, und wer dies nicht verstehe und nachempfinde, sei, hier hob er etwas seine sonore Stimme, ein Banause! „Ja, ein Banause, ein

Mensch, der die Seelen aller Menschen nicht versteht!" So seine Schlussfolgerung nach beinahe vier Stunden der intensivsten poetischen und poetologischen Ausführungen.
Beeindruckend waren seine Ausführungen. Demzufolge war Alexander etwas verwirrt, während dem Nero etwas vor sich hin gelächelt hatte. Evas Wangen - ihre Verehrung für Rainer, eine rein poetisch-platonische, versteht sich! - hatten sich gerötet. Eva schätzte den Schönen, doch sie wusste, dass die eifersüchtige Lou das erhoffte und doch kaum je eintreffende Begleitermonopol bei Rainer inne hielt; mit eisernem Regiment, das freilich dem Begleiter kaum je Eindruck zu machen schien. Lou hatte bei Rainers Ausführungen, wie aufgeregt sie war!, wie aufregend er war!, ihre Hände in die Sessellehnen gekrallt. Ein Teil des linken Bezuges war zerrissen. Aber „Was gibt man denn nicht alles für die Poesie?", meinte sie lächelnd und entschuldigte sich zugleich beim gnädigen Hausvater.

Wo Berge sich erheben und einsame Wanderer nach Edelweiss, Männertreu und Frauenschuh suchen! Ihre Wünschelrute vor sich hinhaltend und –tragend, nach frischen Quellen suchend. Dürstend. Und gefunden habend sich am kühlen Nass labend. Da erkühnte sich doch die glutwangige Eva, die schier unglaublich anmutende Aussage zu machen: „Durch diese hohle Gasse muss er kommen!", Nero hinter sich, und aus dem Fenster die vom Abendrot beschienenen Schneegipfel betrachtend.

6. Kapitel

Und wieder wurde ein grosser, ein berühmter, gar sehr gerühmter Gast erwartet. Der grosse musikalische Kleptomane. Nur: wer wusste von seiner Sucht? Der Bestohlene gewiss; mittlerweile verbrachte er seine letzten Lebensjahre in einem Kloster, als arg spät berufener Pater. Ohne Schaffenskraft, ohne Lendenkräfte. Da kann wohl ein so mancher diesen Entscheid, diesen Beschluss zur Paterität verstehen.

Die Ankunft des Kleptomanen hatte schon Tage zuvor für Unruhe allenthalben gesorgt. Die Herren der gehobenen Gesellschaft sahen diesem Ereignis mit wenig Freude entgegen; ganz im Gegensatz zu zahlreichen Damen. Besonders Eva erging sich in nonverbalen Ergötzungen, die, hätte Adolf sie auch nur ansatzweise verstehen können, ihn in unheimliche, geradezu infernalische Rage versetzt hätten. Er sollte kommen; mit wehenden Haaren, den Tristanakkord permanent auf den Lippen, ihn vor sich hin und her summend, als seine Erfindung; und doch war sie, so ward überall gemunkelt, eben ein weiteres Ergebnis seiner Kleptomanie. Aber wie sollte sich denn der musikalisch bestohlene Pater noch wehren können? Oder gar wollen? Familienbanden verleiten zum Schweigen; auch bei solch unglaublichen Griffen in die musikalische Naturschatulle.

Die Sanatoriumsräume waren seit Tagen heiter geschmückt. Girlanden hingen von allen Decken. Halbe Noten, gar Zweiunddreissigstel und kapriziöse Triolen verliehen den Räumen eine musikalische Note, die Kenner der Szene klanglich zu entziffern fähig waren. Schwere Kerzenleuchter und ihre darauf gehörenden Kerzen warteten lechzend darauf, entzündet zu werden. In vielen Ecken und Fluren standen Statuen von Achill, Perikles, Siegfried. Ja, mit zweimal „ie"! Und irgendwo, an einem geheimen Orte war gar der Nibelungenschatz versteckt. Er sollte zu einer späteren Schnitzeljagd animieren. Viele der Gäste konnten das Kommen des musikalischen Gottes kaum mehr erwarten. Andere weniger jedoch. Sie waren voller Erwartungsgrimm. Nur einer schien sich, einmal mehr, köstlich zu amüsieren. Der Stinker in seinem Fasse. „Es kommt der, der dabei war, als das, was Jahrzehnte später kommen sollte, erfunden worden ist! Ja, Herrschaften, so ist das – und nicht anders!" Eva war entrüstet, Adolf noch mehr. Einmal mehr fühlte er sich völlig zu Unrecht von diesem Keifer angegriffen und verunglimpft. Nur seine Hunde schienen dem unerhörten Ereignis mit wenig Enthusiasmus entgegen zu sehen. Sie lagen meist gelangweilt zu Füssen ihres verdeckt-schwulen Herrchens. Einmal freilich schauten sie erkennbar interessiert hoch; als nämlich der junge Österreicher, der Nachfolger des alten Schnurrbartträgers, erschien. Ohne Schnurrbart; dafür mit braun gebranntem Gesicht und grinsenden Pepsodent-Zahnreihen. Doch das Schwanzwedeln war von kurzer Zeitnatur, denn auch ihr Herrchen schien doch wenig Interesse an seinem verquasten Pseudo-Nachfolger zu haben. Diesem fehlte der Schmiss, die Rhetorik, der Schnurrbart – kurz alles, was einer Eva beispielsweise hätte Eindruck machen können. Oder täuschte sich Adolf etwa? Junger Mann für reife Frau? Er bedauerte, Evas Gefühlswallungen nicht gänzlich verstehen zu können.

Und immer noch wartete die Mehrheit der siechenden Gäste auf das grosse Erscheinen. Fanfaren waren geübt; Teppiche probehalber wohl ein dutzend Mal ausgerollt und wieder eingerollt. Und doch wollte er noch immer nicht erscheinen. Auch die Bläser des kleinen Hustenorchesters hatten bis zum physischen Umfallen geübt. Meist waren die Blechbläser mitten in den triumphierenden Fanfaren, den Götterdämmerungsakkordschmettereien, dem berühmten Akkord auch, ausgepustet, austrompetet. Und ein gar Seltener jedoch hatte sich mit seinem verzweifelten Trompetenspiel, zu Ehren des Noch-nicht-Erschienenen, seine Lungenkrankheit ausgespielt; und konnte wenige Tage später geheilt nach Hause fahren. Ein Wunder! Heilung durch Musik. Ohne ihn, den Schöpfer eben dieser Musik, gesehen zu haben, ohne ihm seine geheilten Lungen musikalisch entgegen spielen zu können.

Tagtäglich stieg die Erwartungsungeduld. Diskussionszirkel hatten sich gebildet, die sich einzig mit der Frage beschäftigten, ob ER denn noch käme. Mittlerweile hatten die ersten Schneefälle eingesetzt. Und es stellte sich tatsächlich die Frage, ob ER denn die beschwerliche, und nicht ganz so ungefährliche Reise in die Alpen gar ausgesetzt haben könnte.

Eines Tages kursierte mit einem Schlage ein neues Gerücht, dass der jetzt schon göttlich Genannte, nach einem kurzen, jedoch intensiven Briefwechsel mit dem Schäferhundehalter, mitgeteilt hatte, dass er an einem neuen Akkord arbeite, der seine Anreise verzögerte. Es sollte der Siegfriedakkord sein; noch eindrücklicher als der Tristanakkord. Und dieser neue Akkord nahm seine gesamte intellektuelle und auch physische Kraft in Anspruch; ein neues Meisterwerk liess sich eben nicht in wenigen Augenblicken realisieren, zumal zu dessen Kreation eine intensive Beschäftigung mit Nietzsches Werk vonnöten war. Die Begeisterung der anwesenden und erwartungsschwangeren und –

freudigen Kurgäste war unbeschreiblich. Ein neuer Akkord. Und gar die Aussicht, als Erste dieses monumentale, gar finale musikalische Geniewerk, nein, den Geniestreich der Musikgeschichte schlechthin, zu hören, liess auch das lange Warten plötzlich als ein süsses solches erscheinen und erlebt sein.

Bevor er seinen Erscheinungsvertrag unterschrieb, erkundigte ER sich angelegentlich nach Martin, dem holzigen Sprachforscher. Und vor allem interessierte IHN, ob denn Martin auch erscheinen würde zu seinem neuen Akkord. Leider musste sich Martin entschuldigen, denn eine gewichtige Rede sollte er halten; als Bräunlicher vor braunen Studierenden und Lehrenden. Die Einsicht des ER war ihm gewiss.

Die heftigen Diskussionen der beiden AA's waren in den vergangenen Tagen merklich schwächer geworden; einige ganz vorwitzige Gäste wollten die beiden gar beim Leiternspiel entdeckt haben. Ein wahrlich untrügliches Zeichen intellektueller Dekadenz. Nichts mehr mit Revolution, mit Guerillakrieg. Sie schienen das geistige Niveau kleiner Kinder erreicht zu haben. Blick zurück im Nicht-Zorn!, so der Fass-Mann. Und der musste es ja wissen. Denn er hatte die monatelange Entwicklung äusserst genau verfolgt; und hatte sein eigenes Programm zu Begrüssung des Tonsetzers sich ausgedacht. Den „spartanischen Nibelungengestank", wie er sich ausdrückte, wollte er ihm entgegen wehen lassen.

Und dann geschah doch noch das Wunder. Adolfs Hunde schlugen eines winterlichen Nachmittags mit einem Schlage wütend an. Eva war derweilen in verschiedenen Männerarmen versunken. Sie hatte es sich zur Lust werden lassen, sich gleich von mehreren Männerarmen umfangen zu lassen. Die Hunde bellten; Adolfs Augen erglühten – nur die AA's schienen unbeteiligt. Und doch: Der eine A brüllte mit einem Male seinen Zorn heraus, weil er einmal mehr von fast ganz oben per Leiter nach unten geschickt worden war. Und bevor er sich noch entzornen konnte, stand ER schon im Raum. Den Akkord unsichtbar auf seinen Lippen – den neuen! Das laute Bravorufen hatte auch Eva sich aus den beinahe unentwirrbaren Männerarmen flüchten lassen. Strahlenden Auges, mit hochrotem Gesicht und wogendem Busen stand sie ehrfürchtig in der Empfangstür, als ER seinen Begrüssungsruf vernehmen liess. „Seid gegrüsst, Ihr Siegfriede! Es grüsst euch der neue Akkord!" Jubel, anhaltender und nicht enden wollender war die angebrachte Antwort vieler Gäste. Richard!

Sokrates schaute kurz von seiner „Times" hoch. „Schon wieder ein solch' musikalischer Parvenue!" Mehr liess er nicht vernehmen. Wenngleich er zu gerne das Attribut „Arschloch" noch hinzu gefügt hätte. Aber auch er verfügte noch über einen Rest von Kinderstube à la Knigge. Sogar in diesem Siechenhause.

Dann mit einem Male die Tristanfanfare. Kurz und heftig; und das wars dann auch schon. Kein Siegfriedakkord. Nein, den wollte ER noch nicht dem Publikum zu Gehör bringen. ER schritt erhobenen Hauptes durch den grossen Saal. Sah er nicht dem Sankt George verblüffend ähnlich? Verbeugungen allenthalben, Knickse der zahlreichen Damen, die tiefe Einblicke erlaubten, die ER freilich nicht wahr zu nehmen schien. Seine Blicke gingen tiefer; und nicht bei Frauen, sondern bei Epheben, derer nicht wenige zu diesem grossen Ereignisse herbei geeilt waren.

Er hatte sich zu Adolf in eine Ecke gesetzt. Das Gespräch der beiden war eher kurz; und eher ein Monolog als ein Dialog. Und diese wenigen Minuten aber veränderten Adolfs Leben grundlegend. Er betrachtete seine Eva plötzlich mit ganz anderen Augen. Das Germanische suchte er in ihr. Und hatte grosse Mühe, eben dies zu finden, wenn denn Eva von einer ihrer zahlreich gewordenen Eskapaden zurück kehrt.

Richard, der Grosse, war verschwunden. Abgereist nach einer kurzen Stippvisite wie ein Staatsgast. So gehörte es sich eben für den Siegfried-Akkordler.

Zurück blieben zutiefst erschütterte Musikfreunde. Nur einige der üblichen Stänkerer machten ihrer Freude lauthals Luft, indes sie die Abreise über alle Massen lobten. ER war fort; nun waren sie wieder an der Reihe.

Was blieb zurück? Der veränderte Adolf mit seinen unveränderten Hunden; und die weiterhin äusserst aktive und attraktiver gewordene Eva; und in den Ohren so eines manchen klangen die beiden Akkord noch lange nach. Auch wenn sie den Siegfriedakkord nicht zu hören bekommen hatten. Süsse Einbildung.

7. Kapitel

```
Keine Zensur, auch wenn hier eigentlich einge-
griffen werden müsste, zumal das Familienpro-
gramm noch an keinem Ende ist!
```

Das Befinden des Patienten N. in der Anstalt zu L. hatte sich in den vergangenen Wochen, und vor allem in den letzten Tagen dramatisch verschlechtert; ja, man kann mit Fug und Recht sagen, äusserst dramatisch verschlechtert. Oftmals hatte er die Nahrungsaufnahme verweigert, hatte die, zugegebenermassen, zu weich gekochten Bandnudeln an die Wände seines Zimmers geworfen, wo sie, in ihrer Buntheit, kleben blieben. Fortwährend halluzinierte er. Die beiden vergangenen Nächte hatten ihn wieder zum einstmals befürchteten und auch gefürchteten Bettnässer werden lassen. Die behandelnden Ärzte konnten sich N.s Veränderung, d.h. eher die Veränderung in N.s „Krankheitsbild" nicht erklären. Sie fanden und fanden keinen Reim, so sehr sie sich auch medizinische und analytisch anstrengten. Es war ihnen, als ob N. mehr und mehr zu einem Buch mit sieben Siegeln für sie würde; ja schon geworden wäre.

```
Ob ein Zusammenhang freilich zwischen der Ver-
schlechterung von N.s Zustand und dem tagelan-
gen Fortbleiben Rainers bestand, wagen wir
nicht zu behaupten, obgleich der - leise - Ver-
dacht nicht von der Hand zu weisen ist.
```

Leonid hatte sich in den letzten Tagen auffällig häufig und auffällig intensiv an den abendlichen Diskussionen beteiligt, die einmal mehr von der vor allem von den AA's eingebrachten Diskussionsfreude profitierte, ihren Sinn zog. Ob Leonid freilich Rainer vertrieben hatte, wie man bösartig zu hören allenthalben meinte; oder ob Leonid erst so richtig auftaute, wie der Volksmund zu sagen pflegt, als Rainer Maria – Lou schwieg beharrlich, schwieg sich völlig aus – nicht mehr erschien, ist nicht mehr zu ergründen.
Fest steht freilich, dass N.s Gesundheitszustand, so wie der psychische so auch der physische, zu grösserer und bald auch zu allergrösster Sorge Anlass gab. Seine Wahnzustände, so die behandelnden Ärzte, zeitigten nun immer längere Phasen des Anhaltens. Die lichten Momente – N. konnte sich niemals auch nur im geringsten an seine Halluzinationen erinnern – wurden immer kürzer, die Zwischenphasen immer länger und ausgeprägter. Zu aller Erstaunen hatte N. in den letzten Tagen in seinen lichten Momenten mit einer beinahe aggressi-

ven Art und Weise nach Zeichenblock und Stiften, Buntstiften, verlangt. Erst der sogenannte Oberpsychiater kam auf die leidliche Idee, N. diesen Wunsch doch zu erfüllen. Entgegen der Skepsis aller anderen Ärzte begann N. nun nach einigen Tagen mit eigenen Versuchen. „Eine Ausstellung, bald!" Es war jedoch nicht erkennbar, wie die anderen Ärzte triumphierend meinten, was N. nun tatsächlich zu Papier gebracht hatte. Formen, Figuren, Striche, nichts, alles, Farben, keine Farben. Wäre der Sinn freilich erkennbar gewesen, wäre N. mit Sicherheit – wir gehen gewiss recht in dieser Annahme – nicht in L. interniert gewesen. Meinte der eine Arzt, in N.s Werken und Wirken, wie er meinte scherzen zu müssen, Bäume zu sehen, vertrat ein anderer Arzt, Konkurrenz belebt das Geschäft!, die Meinung, N. zeichne sich selbst, in allen Schattierungen und Farben. Die Behauptung war nun einer der grössten Lacherfolge in all den Jahren, seit L. seine unglaublichen Dienste anbot.

Wir meinen jedoch, dass dieser Arzt mit seiner Behauptung des Pudels Kern getroffen hat!

Wenn jemand sich selbst zeichne, wurde dem tatsächlich klugen Arzt entgegen gehalten, mache dieser Jemand ja wohl nicht nur kritzelige und gekritzelte Striche und Tintenkleckse, sondern er versuche zumindest ein Oval-Gesicht zustande zu bringen.

Gerade hier zeigt sich einmal mehr, dass Ärzte, was auch immer sie zu tun vorgeben, von bildender Kunst so wenig Verständnis haben wie beispielsweise ein Schäfer von der Eisengiesserei. Zur Ehre soll jedoch gesagt werden, dass die Ärzte keineswegs alleine sind.

Jawlenski und ja auch Picasso hatten bekanntlicherweise merkwürdig anmutende Striche- und Klecksgesichter gemalt, versuchte sich der Unglücksrabe zu verteidigen. Jawlenski und Picasso seien schliesslich auch Künstler, aber N.?

Nach Wochen, viele und auch wenige hatten ausgeharrt seinem Kommen, erschien der grossäugige Rainer wieder; mit Lou am Arm. Eva, so liess sie sich später wortreich vernehmen, hätte schwören mögen, ja sogar können, dass Lous Augenausdruck, diese Pupillen!, Bände sprach; zahlreiche und zahllose solche. Nero seinerseits meinte nur trocken, ihre, Evas, Augen würden ganze Bibliotheken sprechen. Nun gilt es freilich anzumerken, dass auch seine Augen, sobald er

Evas ansichtig wurde, die berühmte und leider zerstörte Bibliothek von Alexandria schlicht gesprengt hätten. Zudem: was er ansonsten noch zu äussern sich angeschickt hatte, war auch nicht gerade wortarm. Kurz jedenfalls: Rainer erschien, strotzend vor Selbstbewusstsein. Das Hemd gestärkt, die Augen offen, der Schnurrbart wippend, nach oben!, die Haare gelegt, seine linke Hand fest an Lous rechte Hüfte gedrückt, ja geradezu in sie eingedrückt, nach unten zeigend. Eingehend liess er sich von Jeanne, die eine gewisse, nicht zu übersehende Schwäche für ihn, seine Poesie und natürlich vor allem für Lou hatte und sie auch gewisslich zeigte, die vergangenen Wochen schildern, angefangen vom Morgen des 2. August, nach Adolfs Begeisterungsausbrüchen. Grosses Mitgefühl zeigte der Wiedererschienene auf für Francesco, der am frühen Morgen des frühen 2. August völlig erschüttert und auch zutiefst verzweifelt, gar an Gott zweifelte er!, dem Vögelerschaffer!, zu seinen Vögeln, den zart geflügelten, zurückgekehrt war, deren Brunftzeit schon vorbei war, was ihm dann doch ein Wink Gottes zu sein schien. Nach den unzweifelhaft unkeuschen Verhaltensweisen und –äusserungen der Mitbewohner, war der illustre Gast in die auch weiterhin noch keusche Natur zu seinen unkeuschen Freunden, den gevögelten, zurück gekehrt. Nach diesen frucht- und furchtbaren Tagen war Francesco nie wieder aufgetaucht im grossen Salon von A., was Jeanne doch etwas in Bedauern versetzte, zumal sie gewisse Hoffnungen auf die gottgewollte Wünschelrute setzte, und vor allem Karl, Leonid und Josef in grössten Kummer stürzte.

Der Alte macht es uns tatsächlich nicht leicht. Schwierigkeiten, die tiefen Wahrheiten zu finden, haben wir schon genügend. Er jedoch scheint jegliches menschliches Verhalten unsererseits den zu Untersuchenden gegenüber mit allen Mitteln hintertreiben zu wollen. Der Arsch betreibt ein mieses Doppelspiel. Offensichtlich aber haben die zu Untersuchenden das schon lange spitz gekriegt. Kluge Leute! Sie lachen über ihn, den Oberuntersucher, wie sie ihn zu nennen pflegen. Sie treiben mit ihm ihre Spielchen, die ausgekochten. Und dabei haben sie gewiss auch Recht. Sie laufen durch die zahlreichen und langen Gänge, kneifen die Augen zu, beide oder eines, verziehen ihre Lippen zu dünnen Strichen, und geben sich sehr würdevoll, beinahe unantastbar. Sähe er sie, so würde er gewiss nicht sie wieder erkennen. Denn er ist unantastbar. Ein Mensch für sich, für sich alleine, eins mit seiner Welt, der unantastbaren. Unendlich weit weg, von allem und jedem. Eingebettet in seine gelehrige Tradition, ja sogar, nein sogar eingemauert. Kein Gespräch über Entwicklungen bei den zu Untersuchenden ist möglich. Vom Abkommen von der Tradition ist nicht im geringsten zu sprechen, schlicht unmöglich. Seine Waffe ist der Rezeptblock, den die zu Untersuchenden ganz offensichtlich immer weniger fürchten. Die Entwicklung wird sich selbst an einen Punkt bringen, der keine Umkehr mehr erlaubt. Ein Wunsch für alle, von allen, ausser für ihn, von ihm.

Adolf, ohne Hund, war einmal mehr aufgetaucht. Nach langen Tagen wohl, aber, wie es den meisten schien, sehr wohl gerüstet. Ein Zyniker sei er, meinte er geschwollenen Brustansatzes. „Hühnerbrust!", so der Fässler. Der Ärmste; wo oder wie konnte er denn seine mittlerweile sozusagen aktenkundige Hühnerbrust vergessen machen? Das Format eines Zynikers habe er noch lange nicht, geschweige denn eines Kynikers, meinte der tatsächlich Grosse zynisch. Oder etwa gar kynisch? Eben in diesem Augenblicke, da er dies erkläre, ihm auch wirklich auseinander lege, habe er die endgültige Gelegenheit in Händen, in seinen Händen, zu lernen, was denn ein Zyniker auch wirklich sei. Ihm fehle das Format, und was für ein Format! Er habe keines. Nichts habe er, ausser vielleicht seinen triefenden Kötern. Allenfalls die Hosengrösse sei ein Format, das wohl veränderbar sei, nichts freilich zur Persönlichkeit beizutragen befähigt sei.

Die Bedienung trug die Teller weg und trug Fruchtschüsseln auf. Daneben wurden kleine, bronzene Schüsselchen gestellt, zur Fingerreinigung. Und es schienen einige unermüdliche Gäste dieses gestellte Wasser, das der Reinigung zu dienen hatte, einer anderen Reinigung zuführen zu wollen als der geplanten.
Alfred, bei Adolf sitzend, flüsterte ihm zu, das Wasser sei eben von einer ganz speziellen, arischen Quelle. Er habe sie für ihn ausfindig gemacht, er fühle sich hervorragend. Adolf kostete, trank, fühlte sich augenblicklich gestärkt und hatte alle Lust, schon wieder zu einem seiner gefürchteten Monologe anzusetzen.

Und da fragt man sich, was das gänzlich Ganze soll!

Eva, roten Auges, erschien. Ihre Kleider, einmal mehr!, waren in ausserordentlicher Unordnung. Schamlos, wie sie in den vergangenen Monaten geworden war, versuchte sie nicht einmal mehr, die allseits sichtbaren Spuren intimster Kämpfe, „Nahkampfkämpfe!", verdecken zu wollen. Zur Schau stellte sie die Folgen zahlreicher Balgereien. Wenigstens den obersten Knopf an ihrem weit schwingenden Rock hätte sie schliessen sollen oder mögen. Adolf war die personifizierte Entrüstung. Und seine Entrüstung war echt, wie anders es kaum zu erwarten gewesen wäre. Eigenhändig schloss er den erwähnten obersten Knopf des Anstosses. Akkurat verschloss er ihn, dreimal kontrollierend, dass dieses elende Stückchen nun doch nicht wieder aufgehen könnte. Dabei, bei der dritten Kontrolle, glitt seine linke Hand, ungewollt versteht sich!, und wie sie zitterte, seit einigen Wochen, unter Evas Bluse – und er erstarrte sichtlich. Keinen Unterrock trug die Zuchtlose! Und noch weiter tastete sich seine kühn gewordene Hand hoch. Erkundete den Nabel, den auch heute noch unschuldigen; fuhr weiter gen Himmel und Hügel. Auch oben ging die wilde Eva ohne. Nicht durchsichtig war die Bluse, zumal Leinen, wie Adolf erfreut feststellen konnte, nicht transparent ist, aber – freie Hügel sind eine Herausforderung, und zwar für all diejenigen, die die Hügel des öfteren schon erkundet hatten; und auch für die, die so gerne zu einer, wenngleich schüchternen, Expedition aufgebrochen wären. Adolf war, als ob seine linke Hand gleich zweifach Feuer ertastet hätte. Nein, gar vierfach. Gewaltig drängten die Hügel gegen das derbe Linnen. Und Evas Zustand konnte erkennen, wer sie genauer zu betrachten beliebte. Tatsächlich waren es zwei kleine, aber umso mehr verräterische kleine, fast kirschgrossen Punkte, die mit aller ihnen zur Verfügung stehenden Macht gegen die rohe Macht des Linnen stiessen – und zwar dort, wo doch das weibliche Bekleidungsstück die vornehme Aufgabe zu erfüllen hat, gerade diese verräterischen und stossenden Früchtchen vor allzu neugierigen Blicken zu verhüllen. Eine wahrlich edle Aufgabe, die nicht anatomischer Natur, sondern eher moralischer Kategorie zu gehorchen hatte.

Verwirrt war Adolf. Gewiss, seine Eva war noch jung, sie sollte das Leben ja auch geniessen, nicht in allen Facetten, aber doch in einigen. Jedoch, und dies sollte sie doch noch lernen, eine gewisse nationale und auch traditionelle Scham, ein schamvolles Denken und Verhalten, waren angebracht. Im eigenen Hause, so dachte er, mag dies wohl angehen. Schliesslich war er der legitimierte Hügelbetrachter, jedoch an einem derart renommierten Orte wie A. den Kirschen sozusagen freien Lauf zu lassen – dies grenzte an Obszönität! Jawoll! So war es und nicht anders. Jedoch: wie sollte er Eva diese Obszönität erklären, zumal sie dieses Wort gewiss nicht kannte. Beim Wüstling hatte sie es gewiss nie gehört.

Zu eben dieser Zeit sassen sich Lou und Jeanne gegenüber, Kirschen an Kirschen. Ihren Atem tauschend und dem Herzen der anderen horchend.

Um sich dieses schamlosen, wahrlich ungebührenden Verhaltens auch gänzlich zu versichern, fasste Adolfs linke Hand nach. Sicherheit geht über Vermutung. Ja, er war sicher. Nichts war da, wo es eigentlich hätte sein sollen. Gut – da war, was da sein sollte, natürlicherweise eben. Aber kein Versteck half, Grösse und Rundigkeit irgendwie züchtig zu verdecken. Eine Ungeheuerlichkeit, die ihm die Schamröte ins Gesicht trieb und seinen Ohren ein Rot verlieh, das das Attribut „Seltenheitswert" verdiente. Unglaublich und unvorstellbar. In aller Länge, Runde und Deutlichkeit, wie er murmelte, so dass die meisten Umsitzenden, zur Zeit waren die Umstehenden in einer verschwindenden Minderheit, seinen Ausführungen folgen konnten. Und sie konnten sich nicht enthalten, freudig zu lächeln, sahen sich aber genötigt, mit aller Anstrengung ein lautes Lachen zu unterdrücken, da Adolf seine Handentdeckungen wortreich kommentierte. Von „Konstellationen" sprach er. Und dies Alfred gegenüber, der treu ihm in seinen Ausführungen folgte; Meister bleibt Meister; Herr bleibt Herr – und folglich auch Knecht Knecht! Ja, Adolf gebrauchte die „Konstellation". Beinahe fassungslos. Und je ausführlicher Adolf von diesen eben solchen sprach, desto mehr konnte der scharfe Beobachter mit einigem Erstaunen feststellen, dass sich bei einigen namenlosen und unwichtigen Jünglingen, die die Säle zu bevölkern pflegten, auch Konstellationen zu ergeben schienen; freilich von anderer Natur, aber nicht minder aufregend, was nun Eva ihrerseits wieder erfreut feststellen konnte. Die bereit liegenden, weissen Servietten verhinderten aber zu ihrem Leidwesen, dass die sich formierenden Konstellationen zu sehr ihren Augen zeigen konnten.
Kaum hatte Adolfs Hand Evas Bluse verlassen, richtete diese ihren Oberkörper, als hätte er sich befreien können, ruckartig auf, so dass nun allen ersichtlich werden konnte, was Adolf so in Harnisch versetzt hatte.
Der Natur muss schliesslich auch ihr Recht zugestanden werden. Steif sass die Glutwangige da, eine Pflaume sich in den Mund schiebend, ihre beiden Kirschen stolz gen Saale richtend. Und dies, am Vorabend der Regierungserneuerung von Adolf. Damals, hauchte Alfred. Hätte sie, dieses haltlose Luder, nur mein 20. Jahrhundert gelesen. Weder würde sie eine Leinenbluse tragen noch ihre Kirschen derart zur Schau

stellen. Nichts von dem. Keine Früchte; nur Kinder. Und die wären ja aus dem legitimierten Kirschenalter heraus gewachsen. Einmal Kirsche – und dann nie wieder.

„Und hättest du, mein verehrter Adolf", so hörte man Alfred flüstern, „es auch genauer studiert, das Blusen- und Kirschenalter und vor allem das 20., wir hätten jetzt", so fuhr er fort, „gemeinsam – denn: gemeinsam sind wir stark! – keine solchen Schwierigkeiten zu bewältigen, die doch so viel Kraft erforderten. Ich werde", so sein Fortfahren, „gleich nach dem deutschen Mokka in meinen Werken suchen gehen, ob ich nicht doch eine Stelle finde, ein Abschnitt ist mir in Erinnerung geblieben, eine grossartige Ausführung, die Ausführungen über geeignete Gegenmassnahmen, theoretisch zumindest, anführt. Denn, mein lieber, mein geliebter Adolf, dieses Dasein dieser beiden Daseinsformen ist ein unmögliches Dasein. Ein Dasein, du weißt, das im Grunde genommen – ontologisch – seins-, ja daseinsunwürdig ist. Als Einheit. Der Mensch als Sein ist ein Sein, wird er aber als Sein, als daseiendes Sein, Martin hilf'!, zu einem Un-Sein, so wird es Zeit, diesem Sein die Zeit seines Soseins im Dasein zu begrenzen. Zwei sind Eins; aber als Eins sind die beiden beide. Und dadurch aufzuheben, hinter unsichtbaren Stoffkörbchen!"

„Und das nennt sich nun Philosophie. Existentialismus gar", spottete der wahrlich Grosse. „Dialektik", höhnte es aus der fernen Ecke, die nur in Zeitung und Zigarrenqualm getaucht war. „Dialektik, meine Herren, und Sie werden sehen – meine Verehrung, Frau Eva -, dass der Geist wohl stark, das Fleisch aber entschieden entschiedener ist, wenn wirklich Entscheidungen anstehen, wenn es gilt, eine Idee, meine Idee, die ich gefunden habe, in eine Realität zu verwandeln, also zum Beispiel zur Ernte zu gehen. Kosten ist süss, Betrachten sauer. Und Biofrüchte sind allemal gespritzten vorzuziehen."
Alfred, geschlagen – Adolf war mittlerweile bleich aus dem Zimmer gestürzt, nachdem er auch Evas Wasserschale geleert hatte, versuchte sich in verwirrenden und verwirrlichen Explikationen. Unverständliches murmelte er, sich selbst nicht zuhörend. Wortfetzen waren verständlich akustisch. Hier und da war zu hören von Tradition, dann von Heimat und Ursprung, auch von Güte und Härte, von Volk und Ideen, von Politik und Einheit. Seine Lippen zitterten, er gab sich die grösste physische Mühe, allerseits anerkannt, „estimiert", wie er vornehm sich ausdrückte, zu erklären; allein, seine Mühen waren nichtig. Kein einziger Gedanke entwickelte sich.

Die Umsetzung wird schwierig sein. Die, die betroffen sein sollen, werden gewiss lamentieren. Den Sinn mit grosser Wahrscheinlichkeit, ich vermute mit Sicherheit, nicht begreifen. Denkfaulheit!

Petrarca, nach langen Tagen, hatte sich überwinden können, doch wieder zu erscheinen. Ein wahrlich grosses Ereignis stand allen bevor, wie er es oft, beinahe zu oft zu bezeichnen beliebte. „I Pagliacci" sollten gegeben werden. Kammermusikalisch, versteht sich. Zur gegebenen Zeit würden die Rollen verteilt, zugewiesen. Als Instrumente sollten zwei Geigen, eine Bratsche, ein Cello, zwei Trompeten, eine Flöte und eine Minitrommel dienen, genügen. Und nicht zu vergessen, doch noch die unausbleibliche grosse Pauke, die natürlich der grosse Grosse zu bearbeiten sich bereit erklärt hatte. Ein Selbstangebot. Sein Handwerk sei dies schliesslich, so sein Wort. Grosse Trommel rühren. Mit Sicherheit ginge es ihm nicht ums Rühren. Vielmehr um das Fellschlagen, ich habe den Grausamen gehört, mit seinen Koffern, ereiferte sich unser Dichter.
Ostern also hatte sich unser Dichter für sein Spektakel, das er vornehm als konzertante Präsentierung ausgab, ausgesucht. Geeignet erschien ihm der Tag, zumal an Ostern immer das lustige Eiersuchen statt fand. Wobei allen Gästinnen und Gästen klar war, dass es nicht allein um das Suchen von Eiern ging. Schliesslich wollten auch die Gäste suchen. Und nicht den Gästinnen allein das Sucherrecht an diesem Tage übertragen. Prolog sollten seine neuesten Sonette sein, gelesen, abwechselnd von ihm und ihr, dem Dichter und seiner schönen, allzu schönen Muse.

Eine wirklich gute Idee hatte unser Gast Nummer 14, oder wie er sich immer wieder meinte äussern zu müssen, 4 + 4 + 3 + 3. Für ganz Spitzfindige nannte er sich auch 4 + 4 + 4 + 2. Erstaunlich war seine Kreativität. Mit nichts stellte er ein Schauspiel auf die Beine. Im Schauspiel. Er, der ein Schauspieler hätte sein sollen, und es auch wirklich war, hatte sich, im Stück als Schauspieler, zu einem Künstler entwickelt und so selbst etwas produziert.

Verteilt habe er schon die einzelnen Rollen. Eva sollte die feine und zarte Flöte blasen. Die Streicher waren ebenfalls gegeben. Blieb lediglich das Problem der beiden Trompeten. Auch hier war unser Künstler in seinem Element. Als Kontrast zum Prolog wollte er mit seiner Muse diese beiden Stimmen übernehmen.

Während aller Proben war er ein Meister der Vermittlung. Zürnte die gute, heissblütige Jeanne, so las er sanft ein Sonett an die Vögel.

Spielte Adolf den Beleidigten, weil er nur der stumme Handlanger des grossen Helden sein durfte, so sprach er verzückt von einem Hundesonett, dem nurmehr der letzte Vers fehle.

```
Stumm sass er da und hörte und sah sich das
Werk an. Unbeweglich, kein Zucken ging über
sein Gesicht. Die Augen waren nur kleine
Schlitze, keine Regung. Hingegen macht er sich
dauernd Notizen. Gegen Ende der Darbietung
huschte dann doch ein befriedigtes Lächeln über
sein Gesicht, das der grauen Masse den Anstrich
von Menschlichkeit gab. Wer ihn kannte, wusste,
dass dieses Scheinlächeln nur eine fürchterli-
che und entsetzliche Drohung sein konnte. Aber
keiner der engagierten Künstler wollte dies
wahrnehmen. Einmal mehr wird es an uns liegen,
entgegen zu wirken. Unsere Gäste gegen den Al-
ten zu verteidigen.
```

Für einen Aussenstehenden, der die umgebenden Mauern nicht kennt, sich nicht vorstellen kann, was solche Mauern für die „Gäste" bedeuten, ein grosses Schauspiel. Ein wahres Spektakel. Eine starke Leistung. Der Zwang, die Notwendigkeit, neue Paragraphen zu schaffen. Solchen Leuten endgültig das Handwerk zu legen.

Der Regisseur des Welttheaters hielt sich lange Zeit verborgen im Hintergrund. Wochenlang hatte er unerkannt, aber beobachtend, verbracht. Jetzt aber, in diesem schwer auf allen Beteiligten lastenden Moment trat er gravitätisch ins Licht. Wortlos erscheinend, Respekt fordernd und auch einlösend. Die russischen Gäste glaubten sich in die Zeit Iwans des Schrecklichen zurück versetzt. Blitzende Augen, eine scharf geschnittene Nase. Schwerer Schritt, dunkle Kleidung. Eine beeindruckende Gestalt; dies mussten auch die beiden AA's zugeben, was sie ja auch wollten. Geradezu dämonisch war sein Erscheinen, seine Erscheinung. Allein sein Erscheinen sorgte für augenblickliche und absolute Ruhe. Sogar Liebespaare, und deren gab es in A. einige, die eifrigst turtelten, konnten sich seinem Charisma nicht entziehen. Nur der Lévy, mit seiner schier unerschöpflichen Chuzpe, liess es sich nicht nehmen, im Sinne von W.A. einige brutale Witze zu reissen, die aber für einmal auch hier kein Publikum hatten.

Der Regisseur stellt sich selbst wie ein lebendiges Denkmal mitten im Proberaum auf, im Deklamierraum, im Turtelraum und wollte eben zu einem grossen mündlichen und spontan formulierten Essay ansetzen. Anheben. Allein, Adolfs jaulende Hunde hielten ihn einmal mehr, fürs Erste zumindest, davon ab. Böse Blicke trafen die Köter; Adolf wurde wirklich auch käsebleich; Eva wandte sich ahnungsvoll einem neuen Spielkameraden zu. Dröhnend klang nun jetzt die Stimme des Regisseurs. Sein Essay war ein einziger Verriss. Kein Haar blieb am Deklamieren, kein Haar am Musikalischen. So, als ob der Essayist keine Haare auf dem Kopf lassen wollte. Egal, um welchen Kopf es sich auch handelte.

„Wir sind hier nicht im Theater, wir sind auch nicht in der Seinssphäre selbst. Ein Kabarett ist das, ein mieses, ein schlechtes, ein wahrlich lausiges. Habt Ihr Krücken Euch je überlegt, wer und was Ihr eigentlich seid? Figuren aus einem Kabinett, aber ohne Grusel. Figuren aus meinem Welttheater, ohne Leben, aus Wachs!"

Unser Patient hatte bis anhin regungslos da gesessen. Seine Augen schienen auf einen Punkt irgendwo im Raume gerichtet. Vergessen in sich selbst, sich dem Weltenlaufe draussen überlassend, hatte er stundenlang grübelnd auf einem Hocker gesessen.
Der Mann entwickelt sich. Und eine rege Phantasie dazu. Das Auftreten des Regisseurs schien ihn plötzlich über alle Massen zu amüsieren. Seine Lippen, die nicht so stark herunter hingen wie ehedem, zuckten ab und zu nach oben. Ein stummes, ausdrucksloses Gesicht war zu bemerken. Seine Bartstoppeln, die einige Tage alt waren, belebten sein bislang starres Maskengesicht. Sie bewegten sich, unregelmässig, in abgehackten, unkoordinierten Bewegungen.
Er mag wohl sich mehr über den Alten als über den wahrlich beeindruckenden Auftritt amüsiert haben. Der Alte sass plötzlich, er war unbemerkt in den Saal getreten, hinten auf einem ausgeleierten und ausgesessenen Stuhl. Ganz offensichtlich hatte unser Mann ihn schon lange beobachtet. Der Alte wollte ihm wohl einmal mehr seine Arbeit verbieten und ihn in den Garten abkommandieren. Aber er liess sich auf nichts ein. Starr schaute, blickte er gerade aus, kein Zeichen von Ärger oder gar Erregung. Seine Bartstoppeln zuckten freilich unregelmässig. Seine Lippenenden bewegten sich leise, mal einzeln, mal zusammen.
Seine Augen hatten bis eben starr geschaut, leer, blicklos, weit weg, sozusagen als auffüllbare Glaskörper. Jetzt plötzlich ging ein Leuchten durch sie. Sie belebten sein altes Gesicht. Eine gerade Linie zwischen Augen und Lippenenden machte sich auf. Die Stoppeln fungierten sozusagen als Verbindungskörper. Er wiegte mit seinem Kopfe bedächtig hin und her. Einzelne Kopfhaare richteten sich auf, standen beinahe zu Berge. Scheinbar, ob ihrer Kürze wegen. Und der Alte sah

und merkte nichts, aber er hatte wohl gesehen, dass ihn der Alte die ganze Zeit über, seit er im Saale war, genauestens beobachtet hatte. Es war eine stumme, starre Auseinandersetzung. Wohl hatte er sich zuerst mit seinem Gesicht bewegt, hatten sich seine Lippenenden bewegt, seine Augen geleuchtet. Eine eindeutige Demonstration seiner Unabhängigkeit aber, und zugleich auch eine deutliche, allzu deutliche Herausforderung an den Alten, der jedoch, einmal mehr, nichts bemerkte.
Immer im Zeichen der repressiven Psychiatrie. Der Alte, eine Furie. Therapiefetischist. Therapiefetischismus. Eine Tablettenröhrchenpsychologie. Und das als anerkannter Spezialist. Ein Anachronismus. Es fehlten nur noch die Alchemisten, die freilich etwas mehr Sympathie hätten verbreiten können.
Das Gesicht belebte sich mehr und mehr. Die Ohren wackelten, ein stummes Lächeln glitt über die Stoppelwangen. Die Augen huschten hin und her im Saale, bald vom Alten zum Regisseur, bald vom grossen Grossen zum Alten. Vergleichende Blicke. Taxierende Blicke. Geräuschlos, auch das Lächeln.
Stummheit bei den anderen. Spannung lag in der Luft, niemand schien sie jedoch zu bemerken. Ausser dem Alten

```
Es wird Zeit, dass der Alte endlich geht.
```

Der grosse Grosse reckte sich im Hintergrund zu seiner vollen Grösse auf. Eva war zutiefst beeindruckt, sie wollte gerade ihren derzeitigen Favoriten knuffen, als sie die Grösse erblickte. Und da heulten auch schon die albernen Köter wieder los; Petrarca stimmte in den Gesang ein. Die AA's mussten ihre Unendlichdiskussion unterbrechen, da keiner der anwesenden Gästinnen und Gäste auch nur ein Wort mehr verstand.

Ein Bote war eben eingetroffen. Langes Schreiben vom Grossinquisitor, der seinen Besuch für die kommenden Tage anzukündigen beliebte. Er verlangte nach einer Ehrengarde, die der Pole, der eben auch anwesend war, Zufälle gibt es nicht!, ohne weiteres gewährte. Vielmehr: Seine Freude, diese Ehre mit der Garde erfüllen zu können, schien ihm beinahe das christliche Herz springen lassen zu wollen. So also kann auch ein „Mann" sich und seine Freude, Ersatz, Exzellenz!, zeigen.

Der Grossinquisitor fuhr in seinem Schreiben fort, mit der Bitte, die ja eigentlich ein Befehl war, kraft seiner langjährigen Tätigkeit, sein Zimmer mit geeigneten Damen auszustatten. Ebenfalls sollten auch

mehrere Nebenräume, seiner Zeit gemäss, für ihn ein- und hergerichtet werden. Übungsräume, wie er schrieb.
Erregt zuckte Adolfs Gesicht. Während Siegmund einen leisen Ekel auf seine Züge zauberte, der aber in keinster Weise seinen wahren Empfindungen entsprach. Ganz im Gegenteil. Er war das, was gemeinhin als geil bezeichnet wird. Geil auf die Nebenräume, und diese Geilheit versteckte er hinter dem beruflichen und analytischen Interesse, dieser Heuchler! Und noch geiler ward er, beim Gedanken, als Assistent bei der einen oder anderen Sceance assistieren oder zumindest partizipieren zu können. Die Assistenz musste er wohl oder übel dem Marquis überlassen, der im Schlepptau noch einmal anzureisen sich anschickte. Er greinte, aber Hilfe war nun einmal nicht möglich.
Das Schreiben fuhr fort mit der Auflistung der Speisen, den Getränken und den Badevorbereitungen. Als der Brief zu den geforderten Damen kam, die sein Zimmer auszufüllen hatten, ging ein lautes Raunen durch die Menge der Gäste. Einige Damen, allen voran einmal mehr Eva und Jeanne, hatten schon abwesend-glänzende-verzückte Augen. Ihre kleinen, niedlichen Bäckchen hatten sich zart gerötet, bald standen sie in hellen Flammen. Allenthalben war ein Keuchen zu hören, so als ob die Sceancen kaum mehr abzuwarten wären. Ihre Lippen waren ihnen gänzlich ausser Kontrolle geraten. Sie zuckten permanent, wie im Fieberrausch. Eva kniff in ihre Sessellehne, trat mit ihrem rechten Fuss versehentlich nach einem Hunde, der sie, kurz entschlossen, biss, was sie freilich nicht bemerkte. Oder doch? Vielleicht gar eine Steigerung der Vorfreude? War sie denn zugelassen? Wollte sie um jeden Preis etwa in die Nebenräume eingelassen werden zum intimeren Gespräch mit dem kommenden hohen Gaste? Jeanne ihrerseits hatte vor lauter Aufregung, statt in einen Sessel gekniffen, in des grossen Grossen Arm sich verkrallt. Der liess ein giftiges Knurren vernehmen. Unbeeindruckt kniff Jeanne weiter. Es war, als ob ihre Augen das weite Himmelszelt mit Sternen füllten. Ihr war gewiss, bald wieder eine neue, bis anhin einmalige Mutprobe bestehen zu müssen. Sich und den anderen wollte sie ihre noch immer grosse Widerstandskraft beweisen.
Evas Lippen zuckten immer unkontrollierter. Ihre Augen flackerten bereits, kleine Schaumwölkchen zierten ihren Mund. Eine neue Form der Stigmatisierung.

Als die Sprache des Briefes auf die genaue Beschreibung der gewünschten Damen zu sprechen kam, zuckten ihre Schenkel verräterisch. Auf und ab, ab und auf. Zu und auf, auf und zu. Adolf wollte seiner Geliebten eine Decke über die Beine und Schenkel legen; sie riss sie weg, da durch diese schöne Decke schottischen Musters ihre konvulsivischen Zuckungen gestört würden. Ihre Körperhaltung war mittlerweile, was Siegmund mit Verwunderung einerseits, mit Gier und Abscheu andererseits zur Kenntnis genommen hatte, mehr als nur lasziv. Einladend hatte sie ihren Kaftan gehoben, durch ihre nach wie vor unkontrollierten Bewegungen. Sie stand kurz vor einer Ohnmacht. Adolf, vorsorglich, tupfte ihr die Stirne mit kaltem Wasser. Geräusche entflohen Evas Mund, die nur schwer zu definieren waren. Zischte gar Adolfs Kühlwasser? Oder waren es unkontrollierte Geräusche, die allenfalls in die Intimssphäre eines Schlafzimmers gehörten? Wer mochte das feststellen?

Der Mann stellt die Welt tatsächlich mit Genialität als Irrenhaus, als Irrenwelt dar. Die Welt als Irrentheater, als Welt der Irren, der Wahnsinnigen. Personenversammlungen, Personenansammlungen als Zeichen offensichtlicher Dekadenz. Es fehlt allerdings die entscheidende Instanz, die die Szenerie beherrscht und auch lenkt. Ob er gar den Alten dazu auserkoren hatte, ohne dass dieser es merken sollte? Das wäre wohl Theater schlechthin. Danach würde kein Stück mehr geschrieben werden können. Ein letztes Stück, ein letztes grosses Stück. Damit wäre das bürgerliche Theater durch sich selbst negiert, abgeschafft, aufgehoben. In der Synthese, sozusagen.

Wie Recht der Mann hat!

Der Briefverleser und −vorleser war am Ende der ersten Seite angelangt. Die zweit Epistelseite war verziert mit zahlreichen Zeichnungen, die ihrerseits Anweisungen zur Ausführung waren. Keuchend hatte Eva sich erhoben, Blicke auf die Zeichnungen werfend, um sich den Brief zu greifen. Laut und vernehmlich erklang der sonore Bass des wahrlich Grossen. Sie sollte doch, gefälligst, solche albernen und auch unanständigen Kindereien unterlassen. Ausserdem schienen ihre Köter Hunger zu verspüren. Eva hing an den Lippen des Vorlesers, der weiter las. Die Damen, die dem hohen Gaste zu dienen die Ehre haben würden, sollten hoch gewachsen sein, die Kleidung habe den Umständen entsprechend gewählt zu sein. Wie seufzte da nicht die gute, tapfere Jeanne! Ausserdem hätten die Spieldamen über eine ausgezeichnete Kondition zu verfügen, da er, der Gast, sehr kräftig sei, im fünften Frühling stünde und von seinen Bediensteten einiges zu verlangen gewohnt sei. Schliesslich sollten die Damen auch einen ausgesprochen deutlichen Wuchs vorzuzeigen haben. So die Worte des Briefes. Der Vorleser bzw. Verleser war ein ums andere Mal von einer Verlegenheit in die andere geraten. Mit Mühe hatte er bis anhin seine Stimme unter Kontrolle zu halten vermocht. Er schien aber am

Ende der zweiten Briefseite, zumal ihm immer die zahlreichen und genauen Zeichnungen in die Augen stachen, am Ende seiner Kräfte angelangt zu sein. Kreideweiss war er zwischenzeitlich geworden. Denn er wusste, es war ja schliesslich nicht das erste Mal, was ihm als Vorleser und Verleser noch alles bevor stand. Und den Damen. Mit brüchiger Stimme, mitten im Satze, da der Besucher schrieb, die Damen hätten gefälligst ein sehr tiefes Decolleté zu offenbaren, mitten in diesem allerwichtigsten Satze bezüglich der verlangten Kleidung bat er mit schweisstriefender Stirn und beinahe stimmloser Stimme um ein Glas Wasser, das ihm die eifrige Eva auch sofort brachte, zur Labung. Wie in Trance hielt sie ihm den Kristallbecher, auf einem Tablette stehend, hin. Starr waren seine glasigen, leuchtenden Augen auf die diversen Zeichnungen gerichtet. Ihre Hände wollten sich, zumal sie das Glas mit dem Tablett nicht mehr zu halten gezwungen war, in Bewegung setzen, in eine Richtung, die die öffentliche Scham, die hier sehr tief war, nicht zuerkennt, oder allenfalls, wie erwähnt, in den intimsten Räumen, als Adolf auf sie zustürzte, unterstützt von einem Boy, und sie zurück führte, mehr schleifte, in ihren Sessel.

Aufkeuchend versank sie in den tiefen Polstern; und ebenfalls um ein Glas Wasser bat sie, trank gierig, benetzte sich die Augen, Stirn und Wangen. Ihre Ohren auch, die mittlerweile, seit geraumer Zeit, um der Genauigkeit die Ehre zu geben, purpurfarben leuchteten. Ein untrügliches Zeichen, wie der Grässliche wusste, dass sie kurz vor einem Höhepunkt ungeahnten Ausmasses stand. Ihr Favorit, im Gegensatz zu Adolf, war der eindeutigen Meinung, dass sie ruhig einmal gewisse Höhen erklimmen dürfte. Tränen vergoss dabei Adolf bei solchen unmoralischen Gedanken. Er kraulte, Siegmund dachte an „Ersatzhandlung", seinem Lieblingshunde die Ohren, und der leckte ihm folgsam die Hand. Adolf war jetzt im gedanklichen Tierhimmel. Mit seinem Lieblingshund.

Der grosse Grosse hatte sich zu den AA's gesetzt. Eine spannende Diskussion hatten sie begonnen, da der Verleser und Vorleser noch nicht wieder so weit hergestellt war, als dass er die Lektüre der nun reichlich pikanten Briefseiten wieder hätte aufnehmen können.

Der gescheiterte Gesprächsverlauf mit ihm liegt nun einige Tage zurück. Seine Welt hatte er sich gebaut. Er liess einmal mehr keinen Menschen an sich heran. Seine Abwehrhaltung war tatsächlich beeindruckend. Ich bin sicher, er weiss, dass sich hier bald vieles, das meiste ändern wird. Seine Bewegungen, sein Gang sind ruhiger geworden. Seine Augen zeigen auch mehr Leben. Seine Bewegungen, auch wenn sie selten sind, sind koordinierter, wenngleich vorsichtig. Er tastet wieder. Er schaut lange Zeit Wände an, betrachtete die Haarrisse, die

Löcher in den Mauern, er unterhält sich mit sich selbst. Seine Gedankenwelt scheint gefestigt. Er will die Mauer erkennbar halten, bis er wieder sich selbst sicher ist, frei ist. Eine letzte Wegstrecke hat er zurück gelegt. Aber nach mehr als zwei Jahrzehnten unter dem Alten kann er auch noch einige wenige weitere Tage warten, bis zum grossen Ausbruch. Bis zum Ausbruch aus einer Welt, die nie die seinige war, einer Welt, die der seinen diametral entgegen lief, in die er aber vom Alten gezwungen war hinein zu gehen, sich hinein zu leben und sich hinein zu versetzen. Einmal in unserem stummen Gespräch lächelte er mich komplizenhaft an, als ich den Namen des Alten erwähnte. Wohl bemerkte ich, wie sehr er sich zu beherrschen versuchte. Diese Schlacht, die eigentlich seine Lebensschlacht war/ist, hat er gewonnen, und das weiss er. Deshalb auch sein Schweigen. Aber sobald der Alte erwähnt wird, kann er sich nurmehr schwer beherrschen. Er lachte mich nicht aus, sondern an, wissend, dass er weiss und dass ich weiss.

Der Brief war verlesen, einige Damen ramponiert, andere Damen wieder einigermassen hergestellt.
Die folgenden Tage zeigten ein emsiges Gehen und Kommen, Aus- und Einräumen von Zimmern und Räumen.

Eine letzte grosse Übungsabfolge wollte Eva mit dem Grausamen vor der Ankunft des hohen Besuches noch erleben. Freudig begannen die beiden. Vorbei freilich der Zusammenfluss der historischen Flüsse, vorbei das leise Schaukeln im Schilfe. Neue Dimensionen hatten sich eröffnet.

`Vorsicht, mögliche Zensur!`

Einem Löwen gleich sprang der Heftige die Bereite an. Mit seiner gewaltigen Kraft und seinem erstaunlichen Gewicht presste er sie und zwang sie zur Aussicht auf den schneebedeckten Himmel, hart ihre Hügel umklammernd. Kurz nur war die heftige Umklammerung; da bemerkte der wilde Löwe die völlige Entkräftung seiner Löwin. Behutsam löste er seine Umklammerung und trug sie zur Ruhestätte, wo er sie sanft hinbettete. Ihre Augen hielt sie geschlossen, blass waren ihr Wangen, leise nun ging ihr Atem. Entzückt und gleichzeitig auch erstaunt war der Grausame. So heftig also bin ich, der grosse Löwe, dachte er frohlockend; und doch schlich sich ein zweifelnder Gedanke ein, ob er denn nicht allzu heftig seine geliebte Löwin angesprungen habe. Und während er sie liebevoll betrachtete, Hügel und Täler mit seinen Augen umschmeichelte, packte ihre Hand plötzlich seine Wünschelrute, so dass er heftig erschrak. Da schlug sie die Augen auf, lachte ihn an und zeigte eine Reihe wunderschöner weisser Zähne, die plötzlich bedrohlich in ihrer Annäherung wirkten. Angst und Schaudern ergriffen ihn, den einstmals grausamen Staatsmann. Klein ward er, bat um Gnade, darum, keine Begleiter ganz oder teilweise auch nur oder gänzlich auszuschliessen. Eva jedoch schien nichts hören zu wollen. Zeigte weiterhin ihre Zähne in mittlerweile nächster Nähe. Und es wuchs seine Angst. Ersatz war unmöglich, und nicht nur in A..

(Eine letzte grosse Imagination unseres Schreibers.)

Die Zähne hatte ihr Ziel erreicht; und noch waren die beiden Reihen offen; und doch begannen sie sich langsam zu schliessen, festzuhalten. Des Grausamen Furcht verflüchtigte sich, wohl nicht gänzlich zwar; der grösste Teil seiner Angst machte jedoch eher einer neuen, übergrossen Freude Platz. Und diese Freude währte, zu seiner Freude, lange, sehr lange. Und ward nur da und hie durch die Zähnebefreiung unterbrochen oder gestört durch heftigeres Zupacken. Einzig, er bedauerte, dass auch seine Reihen noch keine Möglichkeit einer Annäherung gefunden hatten. Und dies schien nach langer Zeit auch die Glutwangige bemerkt zu haben. Befreit war der Begleiter, und so konnten alle vier Zähnereihen sich neue Annäherungs- und Berührungspunkte suchen.

(Noch immer keine Zensur?)

Akrobaten gleich waren sie ineinander verschlungen, einander kostend und auskostend; einander feurige Worte zuflüsternd, die Berg- und Talwanderung ausdehnend, bis der lang aufgestaute Hunger sie endgültig vor weiteren Erfolgen zurück hielt.

Von der angeforderten Stärkung erhofften sie sich neue Energien, hoffend auf die Ideenkraft zahlreicher Kräuter, die sie zu sich nahmen. Der erste Versuch einer neuen Wanderung scheiterte freilich kläglich, da alle Brunnen und Quellen auf dem Explorationsweg versiegt schienen. Unruhig suchte die Wünschelrute und ward nicht fündig. Und so kehrten sie gemeinsam an die ruhigen Flussufer zurück, betteten sich ins Schilf und liessen die kleinen Wellen, vom Abendlicht erleuchtet und dieses tausendfach brechend, sich an ihnen brechen. Und Morpheus kam und liess über die beiden Liebenden seinen sanften und erholsamen Schlaf fallen, auf dass sie nach kurzer Labung zu neuen Ufern aufbrechen könnten.

Monatelang habe ich mich mit dem Gedanken auseinander gesetzt, meine Stellung hier zu kündigen. Die Arbeit und die Versuche mit dem Patienten freilich haben mich daran gehindert. Gestärkt haben mich auch die Auseinandersetzungen mit dem Alten, dem ich nicht klein beigeben wollte. Er ist stehen geblieben. Was er einstens gelernt hat, hat heute noch seine Richtigkeit. Welch' eine Absurdität! An seinen Grundsätzen hält er fest, lässt nicht an ihnen rütteln.

Die Fortschritte des Patienten sind unverkennbar. Er geht seinen Gedanken nach, er macht eine erfreuliche Entwicklung durch, zeigt seine Normalität immer stärker und deutlicher, von Tag zu Tag, sozusagen. Und beweist damit, wie irre der Alte im Grunde genommen ist. Deshalb auch die Auseinandersetzungen. Das Unbewusste wehrt sich eben gegen die klare Wahrheit.
Dennoch: noch immer verstellt sich der Patient. Als ob er mir nicht traute. Ich muss meine Gesprächsführung ändern.

Später: Gutes Gespräch. Vertrauen wächst. Er hat ein erstes Gespräch begonnen, von sich aus. Die Wut des Alten. Nicht so sehr auf mich, sondern auf den Patienten. Er wird zu einer tragischen Figur. Er bemerkt, dass ihm nach und nach alles aus den Fingern gleitet. Mit uns Jungen hat er keinen gemeinsamen Draht mehr.

Der Alte hat gekündigt, das heisst, er geht freiwillig in Pension. Eine interne Revolution bahnt sich an.

Der Patient hat dies erfahren. Sein Kampf ist gewonnen. Morgen beginnen die Proben zum Stück. Ein Abschiedsgeschenk des Patienten. Welche Rolle er freilich zu spielen sich vorgenommen hat, hat er mir bislang nicht verraten wollen. Wir wissen alle nichts. Bedingung.

Morgen ist der Abschied.

Die Proben haben, Wochen schon ist es her, begonnen. Ohne unser Wissen. Sie leiden freilich unter der Enge einer geschlossenen Anstalt.

                    ENDE

Die Gästeliste

Alfred Adler: * Wien 7.2.1870, † Aberdeen 28.5.1937
fenpsychologe, Schüler Freuds und Begründer der Ind
logie

Alexander der Grosse: * Pella im Herbst 356 v. Chr., †
13.6.323 v. Chr., griechischer Feldherr und König

Lou Andreas-Salomé: * St. Petersburg 12.2.1861, † G
5.2.1937, Schriftstellerin, Freundin Nietsches, Rilkes

Andreas Baader: * 1943, † 1977 (vermutlicher Selbstmord), Student, Terrorist, Führer der „Roten-Armee-Fraktion" (RAF)

Lucrezia Borgia: * Rom 18.4.1480, † Ferrara 24.6.1519, Tochter Papst Alexander VI., war dreimal verheiratet, ihr schlechter Ruf dauert bis heute an

Eva Braun: * München 6.2.1912, † Berlin 30.4.1945, Lebenspartnerin Adolf Hitlers (er bekennt sich nicht öffentlich zu ihr). Die beiden heiraten einen Tag vor ihrem gemeinsamen Selbstmord im Bunker unter der Reichskanzlei

Leonid Iljitsch Breschnew: * Kamenskoje 19.12.1906, † Moskau 10.11.1982, sowjetischer Politiker und Staatsoberhaupt

Cleopatra: * 69 v. Chr., † Alexandria 30 v. Chr., ägyptische Königin

Diogenes von Sinope: † 323 v. Chr., griechischer Philosoph und Wanderlehrer, soll in einer Tonne gelebt haben

Francesco d'Assisi: * Assisi 1181/82, † Assisi 3.10.1226, Ordensstifter (Franziskaner) und Wanderprediger, Heiliger und Schutzheiliger Italiens

Anne Frank: * Frankfurt/Main 12.6.1929, † KZ Bergen-Belsen, jüdisches Mädchen, das 1942 mit einem Tagebuch beginnt, welches ihr Leben im Versteck sowie tagespolitische Ereignisse beschreibt

Sigmund Freud: * Freiburg/Mähren 6.5.1856, † London 23.9.1939, Nervenarzt und Begründer der Psychoanalyse

Stefan George: * Büdesheim 12.7.1868, † Minusio 4.12.1933, deutscher Schriftsteller. Die NSDAP versuchte George als Vorreiter ihrer völkischen Ideologie zu vereinnahmen

Alexander Haig: * Philadelphia 2.12.1924, amerikanischer General, Oberkommandierender der NATO-Streitkräfte und Aussenminister der USA

Adolf Hitler: * Braunau (Oberösterreich) 20.4.1889, † Berlin 30.4.1945, Politiker, ‚Führer' und Reichskanzler, Nationalsozialist und Völkermörder

Friedrich Hölderlin: * Lauffen am Neckar 20.3.1770, † Tübingen 7.6.1843, deutscher Dichter (‚Hyperion'), verbrachte seinen Lebensabend in geistiger Umnachtung

Jeanne d'Arc (Jungfrau von Orléans): * Domrémy-la-Pucelle (Vogesen) zwischen 1410 und 1412, † Rouen 30.5.1431, französische Nationalheldin, half mit, Frankreich von den Engländern (Hundertjähriger Krieg) zu befreien, wurde auf dem Scheiterhaufen verbrannt

Carl Gustv Jung: * Kesswil 26.7.1875, † Zürich 6.6.1961, Schweizer Psychologe und Psychiater

Karl Heinrich Marx: * Trier 5.5.1818, † London 14.3.1883, Philosoph und Nationalökonom, mit Friedrich Engels Begründer des Marxismus

Mata Haria (eigentlich Margaretha Geertruida): * Leeuwarden 7.8.1876, † Vincennes 15.10.1917, niederländische Tänzerin und Spionin, wurde hingerichtet

Nero: * Antium 15.12.37, † bei Rom 9.6.68, römischer Kaiser und Despot, der öffentlich als Schauspieler, Sänger und Wagenlenker auftrat

Francesco Petrarca: * Arezzo 20.7.1304, † bei Padua 18.7.1374, italienischer Dichter, Humanist und Philologe

Der Pole: = Karol Wojtyla = Papst Johannes Paul II.

Rainer Maria Rilke: * Prag 4.12.1875, † Val-Mont bei Montreux 29.12.1926, Dichter. War befreundet mit Lou Andreas-Salomé und Rodin

Marquis Donatien-Alphonse-François de Sade : * Paris 2.6.1740, † Charenton 2.12.1814, französischer Schriftsteller, der zum Teil obszöne Erzählungen und Romane schrieb. Das Thema ‚Lust und Grausamkeit' wird nach ihm Sadismus genannt

Sokrates: * Athen 470 v. Chr., † Athen 399 v. Chr., eine der Hauptgestalten der griechischen Philosophie und des abendländischen Denkens

Josef Stalin: * Gori 21.12.1879, † Moskau 5.3.1953, russischer Politiker, der zur Durchsetzung seines Herrschaftssystems (Stalinismus) Millionen von Menschen opferte

Max Stirner: * Bayreuth 25.10.1806, † Berlin 26.6.1856, Philosoph und Journalist, entwickelte den individualistischen Anarchismus

Richard Wagner: * Leipzig 22.5.1813, † Venedig 13.2.1883, Komponist (‚Ring der Nibelungen')

Xanthippe: Frau des Sokrates. Gilt als Inbegriff des zänkischen und launenhaften Eheweibes (wohl zu unrecht)

www.ingramcontent.com/pod-product-compliance
Lightning Source LLC
Chambersburg PA
CBHW031644170426
43195CB00035B/572